不受傷，跑到100歲

Jeff Galloway 著

尹芳 譯

商務印書館

不受傷，跑到100歲

作　　者：Jeff Galloway

翻　　譯：尹　芳

責任編輯：林婉屏

封面設計：張　毅

出　　版：商務印書館（香港）有限公司

　　　　　香港筲箕灣耀興道 3 號東滙廣場 8 樓

　　　　　http://www.commercialpress.com.hk

發　　行：香港聯合書刊物流有限公司

　　　　　香港新界大埔汀麗路 36 號中華商務印刷大廈 3 字樓

印　　刷：中華商務彩色印刷有限公司

　　　　　香港新界大埔汀麗路 36 號中華商務印刷大廈 14 字樓

版　　次：2013 年 5 月第 1 版第 2 次印刷

　　　　　©2012 商務印書館（香港）有限公司

　　　　　ISBN 978 962 07 3417 5

　　　　　Printed in Hong Kong

目　錄

獻　辭

Chapter 1　跑步令人生更健康及積極

你想有多積極？　|　2

堅持就是勝利！　|　4

研究說明了些甚麼？　|　14

如何隨着年長而愈跑愈健康？　|　19

隨着年長身體有甚麼不同？　|　22

目標和練習次序　|　29

健康響起警號！　|　32

Chapter 2　Galloway 的 "跑 — 走 — 跑" 方法

"跑——走——跑" 方法　|　38

今天我適合多快的步伐？　|　43

跑步者的裝備清單　|　51

任何年紀都可出現的生理改善　|　58

關鍵因素：長跑、斜坡和規律　|　61

成熟和更快的步伐　|　66

令跑步更輕快的步驟　|　74

用於計劃、評估和激勵的個人日誌　|　78

正確跑步姿勢的原則　|　82

堅韌不拔的精神　|　90

Chapter 3　　運動營養學

年長跑步者的貼士：掌握運動營養學　｜　100

我們需要補充維他命嗎？　｜　112

為甚麼甩不掉脂肪？　｜　115

如何燃燒更多的脂肪？　｜　124

為了以後的人生——燃脂訓練　｜　128

控制吸收脂肪的方程式　｜　131

血糖指數優秀＝動力　｜　139

交叉訓練：雙腿休息時感覺良好　｜　142

上半身的交叉訓練　｜　146

玩具：心率監測器和導航儀　｜　149

Chapter 4　　如何解決問題

對抗炎熱　｜　156

解決問題的表現　｜　163

問題和對策　｜　166

處理受傷的方法　｜　174

選擇一雙最舒服的跑鞋　｜　182

衣着溫度計　｜　186

有助跑步的產品　｜　189

訓練首要因素　｜　195

獻　辭

　　凱蒂（Kitty）在 81 歲的時候，參加了桃樹 10 公里公路賽跑（Peachtree 10K road race）。一年前，她雖然順利地完成了賽事，但一切已經改變。雖然凱蒂從不抽煙，醫生卻在她敏感的氣管裏發現了一個腫瘤，而且位置靠近心臟，並不適宜動手術。

　　雖然如此，但醫生也勉強同意凱蒂想賽跑的決定。我曾經多次問她是否願意挑戰自己，參加 7 月 4 日在喬治亞州炎熱的亞特蘭大舉行的斜坡 6 英里賽程。她以沉默代替回答，但我感到自己的問題令她下定更大的決心，她在成長中經歷過經濟大蕭條，也許因此更不想放棄。報名費不能退回，就要讓錢花在值得的地方。

　　如果氣溫能維持在初始的華氏 60 度，我相信她應該不會有大問題。不幸的是，她被分到了最後一組，起跑時間比較晚，每過一分鐘，溫度都在上升。她知道自己在跑到第 3 英里的時候遇到麻煩了（氣溫超過華氏 80 度，濕度高），但仍然堅持跑到第 4 英里的標記處——卡地亞克斜坡。那時，她看起來已經筋疲力盡。

　　幾分鐘後，亞特蘭大的城市清潔車靠近了。大多數參加過桃樹公路賽的人，都知道且害怕這輛"呲牙裂嘴的清潔車"，因為一旦它追上你，就代表你的比賽結束了。凱蒂卻不介意，因為她的體能已經消耗了 30 分鐘。

　　然而這次清潔車卻停了下來。凱蒂示意司機繼續前行，他卻把腦袋伸出車窗外，告訴她：她和比賽裏的其他參賽者一樣重要，他會把清潔車一直開在她的後面，直到她完成比賽。這恰恰是她所需要的。這真是一場戰鬥，你無法想像她是怎樣腳下生風，最終一路昂首衝過了 6.2 英里的標記處。

　　凱蒂・蓋洛威（Kitty Galloway）就是一個活生生的例子，告訴了我生活中的一些基本原則：永不放棄、把握好每天、迎接挑戰並竭盡全力。上一次她參加桃樹公路賽時精神抖擻、昂首闊步，18 個月後，她走到了人生的終點。她是我的母親，也是我心中的英雄。

Chapter 1

跑步令人生
更健康及積極

你想有多積極？

我認為當跑步和休息能達致平衡時，它便能夠：

- 提升你能達到的最佳態度
- 增強活力且持續一整天
- 是最棒的減壓工具
- 使你獲得非常大的成就感
- 提高你的體能表現
- 比任何活動更能同時改善身體、思想和精神
- 以很多獨特的方式令你改善生活

如果運動是一種可控制的藥物，它會是病歷上最常被寫在處方的。如果跑步是一劑對抗抑鬱或提升活力的良藥，效果則一鳴驚人。運動能帶來無限的好處，但沒有哪項運動能像跑步那樣把所有的利益最大化。

跑步能刺激身體，全面改善身體機能和精神面貌。研究顯示，每週進行大量的運動，可以延長人的壽命。常年跑步可以加強耐力、提升體能，從而培養積極的人生態度，直至生命的最後一日。

通過平衡壓力、休息、健步、跑步、營養和運

動，每個人就能把握未來人生路上可以體驗的活力。本書的目的不僅僅在於幫你展開公路運動或鼓勵你堅持到 100 歲，你還將在本書中找到一些實用技巧——如何調整，令自己享受每一次跑步。

接下來的幾章，你會看到關於跑步和衰老過程研究中，所發現的許多好消息。事實是我們的身體資源在逐年減少。我已經了解到數以千計的跑步者，把愈來愈多的休息和健步加入到跑步的過程中。結果幾乎是神奇的：他們 60、70、80 多歲的時候，跑步和生命的質量非常高。

我們不知道自己將在哪一年離開這個世界。但是，如果你在心中計劃跑到一個世紀那麼久，再做出相應的調整，每過 10 年，你就會期望並想獲得更多的活力。積極的精神願望，加上正確地使用工具，你便能主宰自己的精力和健康。

下一章，你會讀到一些令人啟發的故事。主人公們在 70、80、90 多歲的時候，迎接了一個又一個生活和運動中的挑戰。有些典範向我們娓娓道來人類精神中的積極因素，當你真正參與其中並跑到終點線的那一刻，就知道其中的快樂妙不可言。

本書中對大家最有幫助的培訓內容，莫過於我的“跑走跑”方法。目前，我知道有數以千計、年過五旬的長者們，採用這種方法重新開始愉快的跑步。有些人同時採用了健步間隔，提高了自己的跑步次數。毫無疑問的是，這種方式也能夠延長你的跑步時間。

本書中的許多建議還幫助了幾千人，令他們體會到跑步為晚年生活所帶來的快樂和自由的感覺。

我希望你在不讓自己受傷的情況下，控制跑步的樂趣和疲憊。30 多年來，我輔導了 20 多萬名跑步者，然後提出這些建議。所以，請繫上你跑鞋的鞋帶，加入到 60 多、80 多還是更年長的跑步大軍，像 20 出頭的年輕人一樣，享受跑步吧！

堅持就是勝利！

  幾年前，我認識了一位 93 歲的高齡長者，他曾經參加了密執安州芬林市（Flint, Mich）的熱門項目——Crim 10 英里賽跑。談起這場賽跑，他就像 20 歲的小夥子一樣興奮，思維卻比一些年輕賽跑者還要清晰。最近，有份新聞剪報報導一位 101 歲的長者參加了元老田徑運動會的賽跑，創造了新的世界紀錄。事實上，如果你能堅持跑到 100 歲，就有各種機會創造新的紀錄。

  可惜的是，許多年過五旬的人覺得他們不可能或不應該增加運動量。有相當一部分人認為，對於年逾花甲的人來說，從久坐的生活方式轉變為長跑訓練是不可能的。我親愛的母親最初也認為如此（見本書扉頁獻辭），後來卻發生改變，我從中也受到啟發。在本章中，你會認識到幾位突破傳統限制、出乎意料的“普通人”。他們會告訴你，從健康旅程伊始就應同醫生保持聯繫。

患癌的跑步者

"如果必須在患癌前的過去和患癌後的現在中做出選擇，這很容易。過去的我沮喪、超重、無所事事，天天坐在沙發上看電視。現在的我，每天都精力充沛、開心、積極，熱愛生活。"—— Lee Kilpack

1996年，李‧琪柏（Lee Kilpack）被確診患有乳腺癌，伴有淋巴結。她開始以手術、化療和放療來治療。李以前從來不運動，診斷結果對她造成了重大打擊，治療過程也非常考驗她的身心和意志力。

直到2000年，她的情況仍未見好轉，且大多數時間都感到很糟糕。之後的某天早晨，她醒來後就決定開始好好地照顧自己。就在那天，她聘請了一位私人教練。到2001年，她每天都堅持步行，後來還加入了跑步。李在2002年參加了歷時三天的60英里乳腺癌慈善競步，成功為此籌集3,000美金。

完成慈善競步活動和當中的訓練嚴重打擊了她的動力，外傷和疼痛也需要較久的時間恢復。李掙扎着，終於在2003年12月重新開始規律地跑步。04年新年過後，李設定了一個更宏大的目標——在11月完成一場馬拉松長跑。她選擇的訓練項目有害健康，於是在9月份受傷了，但她沒有放棄。

2005年初，李從醫生處獲准可以繼續跑步，她選擇了我的保守訓練項目。當我與李通過電郵溝通，常常發現她有抑制不住的精力和動力。因為李搬去墨西哥灣沿岸地區，志願為卡特里娜風災（Hurricane Katrina）作善後、安撫工作，所以她的陸戰隊馬拉松訓練比大多數人更富挑戰性——在筋疲力盡的日子裏擠時間長跑。不知何故，她還參加徒步旅行、踏單車，努力地划艇。"休息日"的時候，她就不跑步了。

她還定期接受癌症指標測試的檢查。如果測試結果顯示她的指針處於正常範圍而且醫生認為近期生命不會受到威脅時，便支持她繼續跑步。"我不知道自己的未來會怎樣,如果明天癌細胞擴散了,我想我會接受的。我已經擁有這麼美好的人生,從未像現在這樣健康、快樂過。腫瘤醫生不明白那爆發性的活力和內啡肽如何改變了我。"

李正在為 3 個半程馬拉松而訓練,下一年的目標是 3 個全程馬拉松。"我非常感恩自己得了癌症,因為生活從此變得愈來愈好,好到無法形容。如果必須在患癌前的過去和患癌後的現在中做出選擇,這很容易。過去的我沮喪、超重、消極,天天坐在沙發上看電視。現在的我,天天都精力充沛、開心、積極,熱愛生活。我熱愛自己的身體,熱愛跑步的人生。"

五旬人生路,因跑步而改變

十多年前,凱西·卓思(Cathy Troisi)曾耐心聆聽了我在波士頓開設的一天跑步課程。當我開始實踐"跑走跑"的方法時,發現她的精力和專注度產生變化。凱西在此之前從不跑步,她想參加波士頓馬拉松賽為慈善活動募款,但覺得自己太久沒有活動,可能沒法開始跑步了。連元老跑者都告訴她,過了 50 歲再去跑步,關節有可能疼痛。

跑前的生活方式	從不參加任何體育活動(除了高中的體育課)
第一場馬拉松	花費 6 小時,採用跑一分鐘、走一分鐘的方式
12 年後	已參加 147 場馬拉松、29 場超級馬拉松,還在繼續着……
12 年中的受傷次數	0
12 年中籌得善款	超過 70,000 美金

然而，"跑走跑"的方式帶給凱西希望。六個月以後，她在電話裏興奮地向我講述完成了人生中第一場馬拉松。她的興奮到現在也沒有冷卻。

面臨的挑戰

- 關愛家人
- 擁有兩間幼兒園
- 女兒患癌，凱西一直在照顧她和孫子們
- 家族性高膽固醇

跑步為她帶來

- 健康和個人能力的提升，不再視健康為想當然
- 更注重飲食
- "我感覺不到自己的年紀（儘管現在年過六旬）"
- 遍佈全國、志同道合的新朋友
- 豐富的旅行經歷，同大家分享
- 積極的態度面對未來，尤其在遇到困難的時候
- 做義工的機會，回饋社會

願望

- 女兒琪蜜（Kimi）擺脫癌症（以她的方式來做到這樣）
- 向大家展示，隨着年齡的增長，沒必要刻意減少體育運動
- 降低膽固醇（以她這樣的方式）
- 完成每州一程馬拉松的任務

"跑步是生活健康的靈丹妙藥，它令人身體健康、神清氣爽、心情愉悅。這項簡單的體育運動令年齡增長的過程更加健康。跑步只需要簡單的裝備，卻提供時間讓我們反思，和大自然以非常經濟的方式親

密接觸，並且突破了年齡的障礙。"——凱西‧卓思
（C. Troisi）

62 歲，一場速度更快的馬拉松

能夠結識喬治‧席漢（George Sheehan）醫生並成
為朋友，對我來說如獲至寶。他不僅是一位偉大的跑
步大使，而且由始至終都是一位激烈的競爭對手。在
他 60 歲生日之前，喬治‧席漢決定減少馬拉松跑步
的次數，採用"半程跑步退休"的方式，從每天跑 5
英里調整為每隔一天跑 10 英里。因為充足的休息和持
之以恆的注意力，他在 62 歲的時候達到個人馬拉松的
最快紀錄——3 小時 1 分。

80 多歲，創造馬拉松紀錄

瑪薇‧琳格倫（Mavis Lindgren）從小到大都體弱
多病，醫生建議她不要運動。在她近 60 歲時，差點死
於一次肺部感染。恢復過程中，一位年輕的新醫生反
其道而行之，建議她應該和老公走一走，並且不斷鼓
勵她增加健步的長度。

令人驚喜的是，瑪薇從中找到了快樂。隨着運動
的增加，她感受到了身體的甦醒。她在 60 多歲的時
候和丈夫卡爾（Carl）一起跑步，很快超越了他。晚年
80 多歲的時候，她創造了該年齡組的紀錄，而且從開
始跑步起就再也沒患過普通感冒。

她在 85 歲高齡時，參加了（奧勒岡州）波特蘭的
馬拉松，在 20 英里的水站處，因踏在杯子上而滑倒
了。負責人把她扶起來，希望把她送到醫療帳篷，卻

被輕聲拒絕，她說這只是皮外傷而已。當她完成整個賽程，來到醫療帳篷檢查，才發現跑步的時候手臂已經斷了。

我們懷念瑪薇，她樂觀、積極、淡定、堅強的精神會永存人間。

單腿的跑步者

如果你因為過去腳疼或雙腿沒有彈跳能力而感到難過的時候，想想凱莉‧來姬（Kelly Luckett）。凱莉在兩歲的時候失去了一條腿，很久沒有想過正常的活動或運動。作為一個久坐不動的伴侶，她看着自己的丈夫變成了跑步者，在沒有輪椅的情況下，數年前參加了亞特蘭大桃樹公路賽。凱莉多年來都在使用假肢，但一直認為普通的運動對她來講是不可能的事。

2003 年，她決定自己參加桃樹公路賽，開始健步。她克服了許多由於假肢機械原理所帶來的困難，不斷調整自己。自從桃樹列為跑步比賽後，凱莉都盡力去跑，雖然每次只能持續 30 秒。她放棄了無數次，每次都重新來過。

慢慢地，她開始進步，逐漸適應了裝備，包括氨基甲酸酯班輪和腳步齒輪等。她和 55,000 名參賽者一起完成了個人首次桃樹公路賽。在她參加我的一日跑步培訓前，從未了解 "跑走跑" 的方法，根本沒有想到她能跑到 6 英里那麼遠。我們在第二年保持聯繫，改善了她的訓練和個人跑走跑的比率。我從來沒有輔導過意志如此堅強的運動員。

　　她個人的第一次半程馬拉松很艱辛，她告訴我她無法想像以任何速度完成兩倍的路程。接下來的六個月，我們不斷調整跑走跑的比率，凱莉最終以 6 小時 46 分完成了鄉村音樂馬拉松比賽。在賽事的最後 10 英里，她超過了相當一部分選手，並獲得了全世界最著名的比賽"波士頓馬拉松"賽的資格。

　　凱莉是完成這項高級賽事的第三位截肢女性。她的訓練最終得到了回報，時間縮短了近 20 分鐘！下一個挑戰是 50 英里。

唐・麥格理（Don McNelly，2006 年 85 歲）

- 700 多次馬拉松
- 體重 210 磅
- 身高 6.25 英呎
- 48 歲開始跑步
- 第一次馬拉松：1969 年波士頓
- 70 歲前參加了 400 多次馬拉松
- 每年最少完成 25 次馬拉松
- 婚姻持續 64 年，仍繼續着
- "這是我一生中最快樂的日子"

　　認識唐的人就知道他總幹些不符年齡的事："……精力旺盛、頭腦清晰、口齒伶俐，沒有任何聽力、視力、記憶衰退的跡象。"他在 48 歲時開始跑步，差不多 10 年後在 1969 年完成了第一個馬拉松——最後一次不需要時間資格的波士頓馬拉松。

　　在他進行較短距離的跑步和健步時，也在馬拉松和超級馬拉松裏加入了健步（每隔一個星期就會加大健步的頻率）。

　　他希望父親也可以跑步或健步，但是沒有機會了。他父親兩側的髖關節都必須置換。唐知道跑得過快或超過了一個人的體能限制會導致關節問題。"我當然也很羨慕強壯和意志堅決的競爭者，但是我也見過太多僅僅跑了數年就放棄的人。"他除了體型和體重，沒有甚麼大問題。

　　唐跑遍了 5 大洲的 20 個國家，包括美國各個州以及加拿大的所有省份。他期望能夠加入 90 多歲的年齡組。

諾姆·弗蘭克（Norm Frank，2006 年 74 歲）

- 900 次馬拉松
- 他仍堅持跑完所有的馬拉松
- 住在紐約州羅徹斯特和佛羅里達州的新里奇港
- 當下目標：完成 1000 次馬拉松
- 諾姆在年輕時，馬拉松的時間約為 3 個半小時，他連續參加了 30 次波士頓馬拉松
- 他完成了全國 50 州的每一個馬拉松。他是一家草坪維護公司的老闆，現已退休。

瓦利·赫曼（Wally Herman，2006 年 81 歲）

- 接近 700 次馬拉松
- 依然堅持跑馬拉松
- 活在加拿大的渥太華和佛羅里達州的沃斯湖
- 他完成了 99 個不同國家的馬拉松
- 旁觀者説狀態好的時候，他可以跑 5 個小時

我的長期英雄

整個童年時期，我一直是個體重超重、不愛運動的孩子。但我也像許多別的男孩一樣，希望像爸爸一樣，成為我們州的足球運動員。我在 8 年級的時候嘗試了足球運動，但它並不適合我。我爸覺得跨國跑步比賽對我來說也許更好，果然他是正確的。

在我讀高中和大學的時候，體型變得愈來愈標準，脂肪都燃燒掉了。與此同時，我爸變得裝腔作勢，愈來愈不運動。最令我煩惱的是他愈來愈消極的態度。我的直覺告訴我運動才能讓他感覺好點。當肯尼斯・庫珀（Kenneth Cooper）醫生在 1968 年發明增氧運動後，我複製了一份給父親。他在一兩天內讀完了所有內容，卻依舊紋絲不動。我提議他和我一起在他的寫字樓前，繞着公園跑跑，他反而跟我抱怨靜脈曲張和過敏的併發症。這兩種病症我都不太了解，所以沒法說服他。

他在 52 歲的時候參加了高中同學的聚會，正是這場聚會令他清醒了。茅特利高中足球隊 25 名隊員中，13 人死於生活方式退化病。開車回家的三個半小時裏，艾略特・蓋洛威（Elliott Galloway）意識到如果他再不改變不健康的行為，可能就沒機會參加下一次同學聚會了。

第二天，他決定繞着寫字樓前面的高爾夫球場跑步。儘管繞着比足球場小的地方跑步，他的兩腿已經沒勁兒了。兩天後，失敗感驅使他試繞電線杆跑一跑。大概一年後，艾略特・蓋洛威的名字已經出現在桃樹 10 公里公路賽完成者的名單上了。七年後，他輕了 55 磅，一直堅持跑馬拉松，其中一次所需時間少於 3 個小時。自從開始規律的跑步後，靜脈曲張和過敏症已經遠離了他的生活。

鑒於多年以來的心律不齊，醫生在他 75 歲的時候下令他不得參加遠途跑步。但是他和醫生商量後，醫生終於同意他參加 1996 年波士頓第 100 屆馬拉松，以此終結長跑。我榮幸地成為他的步測人，從霍布金盾到波士頓的路上，我倆邊跑邊走，談到了歷史和馬拉松的回憶，這一路上都被人群激勵着。

在我們拐了個彎後，看到了終點線，父親開始衝刺了。當他看到那座鐘時，就決心打破曾經的時間障礙。我們做到了 5 小時 59 分 48 秒。他向所有問起這場比賽的人說：如果不是我令他降低了速度，他可以跑得更快……我也不和他爭論了。

父親已經 90 歲了，每天都面臨着因為肌肉和聽覺退化而帶來的種種挑戰。母親的離去，對他來說更是一個重大打擊，尤其他倆已經結婚相伴 63 載。然而現實中，他決心每天都能最少行走 10,000 步。當這些事看起來真得很難時，我和父親一起上路了，就在他曾經開始的那個場地，"一次一個電線杆"的邁動雙腿。

他是我心中的英雄。我希望等自己老的時候，還能像他一樣。

研究説明了些甚麼？

"每運動一個小時，你的壽命就延長了兩個小時。"

愈來愈多的證據顯示：跑步和健步可以帶來有品質的生活、延年益壽，如果姿勢和方法正確就不會傷害關節。但是每年我都聽到一些思想封閉的醫生們發表對跑步持有偏見的聲明。他們不閱讀研究報告，錯誤且堅持認為人類不適宜跑步。本章節是你的研究指南，可以幫助你自行決定是否可以跑步。

許多醫學專家和我認為，通過定期、柔和的跑步及健步，大多數人可以改善他們的心血管系統，同時減少關節損傷。首席學者帕芬巴格（Paffenbarger）醫生的臨床試驗發現，每運動一個小時，壽命就能延長兩個小時。這是一項回報多麼豐厚的投資啊！

但是一些選擇急於求成的人，忽略了自己當下的能力，跑得過多、速度過快，就會造成一些骨骼問題。因為不同的個體存在許多差異，所以特別在衰老的過程中，找到該領域的醫學專家對你來說非常重要。你要和他保持聯繫並解決出現的問題。本書中講到的"早期預警"測試說明了一些潛在問題，以及如何選擇支援跑步和運動的醫生，都提供了相關的建議。所有的醫學專業問題，你要向醫學小組進行諮詢。

"人類是適宜長距離的跑步和健步的。"發表於 2004 年 11 月的《自然》期刊，作者丹尼爾・雷柏曼（Daniel Lieberman，哈佛大學）和鄧尼斯・布蘭堡（Dennis Bramble，猶他大學）聲明化石證據表明古代人通常跑得很遠。這些專家和其他的觀點認為古代人的腳踝、腳後跟、臀部和其他部位的生理機制一直在演變。根據他們和其他科學家的大量研究，我們可以說人類生來就會跑，長跑則是一項生存技能。人的身體和心靈都適合輕柔且規律地跑步和健步。某些專家更認為古代的人類祖先們先會跑，後會走。

年長的跑步者比年幼的跑步者進步得更快。2004 年 8 月號的《大英體育和醫學》期刊，皮特・約克（Peter Jolk）醫生說："人在六、七十歲的時候還能保持非常好的成績。"（MSNBC 網站報道）這項研究發現 50 歲以上的跑步者比年輕組的選手，在紐約馬拉松賽裏更能提高他們的成績。

運動延年益壽

延長壽命和每個星期消耗的熱量有關。	拉爾夫・佩芬貝格（Ralph Paffenbarger）醫生從 20 世紀 60 年代開始，為美國公眾衛生機構所作的綜合性研究受到高度讚揚。研究結果發表在 1995 年 4 月號的《美國醫學協會》期刊上（聯合作者李醫生和謝醫生）。結論：隨着運動量的增加，所有重大疾病導致的死亡率均下降。從統計學的角度預計，經常運動的人比久坐不動的人或極少運動的人更長壽。他的擴展研究也顯示了燃燒的熱量愈多，愈有利於人類健康。
從 60 歲起開始運動能延長壽命。	肯尼斯・庫珀（Kenneth Cooper）醫生是庫珀診所和庫珀增氧研究學院的創辦人和主人，他圍繞此主題在各個方面做了大量的研究。研究結果揭示：所有年齡層的男人通過規律的運動可以降低 60% 的心臟病發作，而女人降低的比率為 40%。

女性在生育年份進行規律的運動能降低乳腺癌的幾率。	《國家癌症研究院》期刊報道。
隨着年長的跑步者每周延長跑步里程，他們罹患心臟病的風險會降低。	《國家跑步者健康研究》的調查顯示，隨着跑步者每周延長跑步里程，他們會減少整體膽固醇中"壞"的LDL膽固醇的比率。里程越長的跑步者，還能降低心臟收縮壓（心臟收縮時所測得的血壓），同時減少腰部和臀部的脂肪。每周跑步超過 40 英里的跑步者，LDL會減少，説明心臟病的風險也降低了 29% 或 30%。
運動降低婦女的死亡率。	得出此結論的萊森娜（Lissener）等醫生，他們針對瑞典婦女廣泛地研究，並發表在《美國流行病學》期刊上（1996 年 1 月）。研究人員還發現減少體育活動會增加死亡風險。佘曼（Sherman）等發現運動最活躍的婦女，死亡率降低了三分之一。（《美國心臟》期刊，1994 年 11 月）
規律的運動減少結腸癌和消化道出血。	一些研究顯示規律的運動者，罹患結腸癌的幾率降低了 30%。帕赫（Pahor）等報道了消化道出血的研究（JAMA，1994 年 8 月）。
思維更加清晰。	思博度（Spirduso，1980 年《老年醫學》期刊裏的一篇評論——《身體健康、衰老和心理運動速度》）發現規律的運動者，其認知功能表現更佳。
降低抑鬱、態度積極。	伊森克（Eysenck）等人（《Adv Behav Res Ther》期刊，1982 年）發現經常活動的人比久坐不動的人更具調節性。佛肯（Folkins）等人（《美國心理學》期刊，1981 年）展示了運動可以改善自信和自尊。維爾（Weyerer）等人的研究報告指出，既運動又參加心理輔導的病人比只參加心理輔導的病人效果好（《運動醫學，1994 年 2 月》）。布魯門瑟（Blumenthal）等人（《大英醫學》期刊，1985 年）發現運動能有效對抗嚴重抑鬱。卡門徹（Camancho）等人（《美國流行病學》期刊，1991 年）發現新加入的運動者和規律的運動者患抑鬱的風險相差無幾。

跑步和關節健康

跑步令關節不患關節炎。丹·沃絡斯基（Dan Wnorowski），醫學博士，已撰寫論文評論跑步對關節健康的影響。他認為過去十年圍繞此主題的大多數文獻，並沒有發現任何根據證明跑步會增加關節炎的風險。沃絡斯基還說道，最新的 MRI 研究說明馬拉松跑步者膝關節半月板異常的患病率和久坐不運動的人沒有分別。

- "研究表明關節的活力完全取決於關節是否保持在運動狀態。"
  ——查爾斯·榮格（Charles Jung），醫學博士，集體健康合作網站。
- "我們沒有看到馬拉松跑步者關節受傷的次數超過久坐不運動的人。簡單的説，運動愈多的人，關節受傷愈少。"
  ——P. Z 皮爾斯（P. Z. Pearce），醫學博士，集體健康合作網站。
- "跑步預防 12 年不得骨關節炎。"
  —— BBC 網站，2002 年 10 月 16 號。
- "無痛跑步或其他增氧運動可以令你保持健康、精力充沛、延年益壽。"
  ——吉姆·弗萊（Jim Fries）教授，史丹福大學（針對他在史丹福研究的老齡化運動者的評論）。
- "人們曾經認為持續不動可以預防關節炎或防止脆弱的關節受到進一步的損害。更多最新的研究顯示恰恰相反。"
  ——班傑明·亞伯特（Benjamin Ebert），醫學博士，哲學博士，摘自拉里·史密斯（Larry Smith）醫生的網站。
- "體育運動和康樂活動會導致關節不可避免的磨損，科學研究證實這一概念可以廢棄了。鮮有專業或業餘長跑跑步者的關節嚴重受傷，許多規律的跑步者能夠回憶起他們跑了多遠以及跑步的頻率。"
  ——羅斯·豪薩（Ross Hauser），醫學博士；馬里昂·豪薩（Marion Hauser），醫學碩士、註冊營養師，摘自拉里·史密斯（Larry Smith）醫生的網站。

弗萊（Fries）等人研究證明	"年長的跑步者疼痛及行動不便的比率只有從來不跑步的人的四分之一。"
弗萊（Fries）醫生的研究報告	"跑步或慢跑不會增加骨關節炎的風險，儘管傳統醫學上認為它是一種損耗疾病"
帕努什（Panush）等人的觀點（*JAMA*，1986）。研究對象都是 50 歲以上的人，平均跑步 12 年，平均每周跑步 28 哩。	"下肢過早退化性骨關節病和長期遠距離的跑步沒有關係。"
蓮恩（Lane）等人發表《跑步、衰老與骨關節炎的風險：五年縱向研究》。研究的跑步者 50 到 72 歲，結果和 1989 年的研究結論相似。	"跑步者沒有增加患關節退化病的風險。" "激烈的運動會增加關節受傷的風險——但是跑步使關節受傷的風險很低。"
庫加拉（Kujala）等人發表在《昔日跑步者、足球運動員、舉重運動員以及射擊運動員的膝蓋骨關節炎》"（《關節炎與風濕》1995 年）	"跑步和其他運動相比，對膝蓋退化沒有反效果"
蓮恩（Lane）等人發表在 1997 年的《風濕病學》期刊。	"平均年齡超過 66 歲的跑步者和沒有跑步的人相比，沒有經歷過放射性骨關節炎的加速惡化。"
艾亭（Ettinger）等人發表在 1997 年的 *JAMA*。	"年長的個體患有膝蓋骨關節炎（非末期）可以從運動中受益。"
康拉森（Konradsen）等人發表在 1990 年的 *AJSM*，針對一群傾向於濫用骨骼的限制（前專業跑步運動員）的人，40 年來每個星期要跑 20-40 公里。其他有趣的研究還包括蓮恩（Lane）等人發表在 1989 年 *JAMA* 上的文章，以及庫加拉等人發表在 1995 年的《關節炎與風濕》上的研究。	"堅持一生長跑的人幾乎沒有患骨關節炎的風險"

備註：美國心臟協會有一篇精彩的論文，詳細地講述了運動帶來的改變和諸多好處，作為研究來源引用了 107 次。你可以在互聯網上搜索《美國心臟協會醫學 / 科學報告》（AHA Medical/Scientific Statement）。

如何隨着年長而愈跑愈健康？

- 掌控好訓練節奏，在必要的時候提前加入休息
- 從事一項有挑戰性的鍛煉時，儘量避免跨越自己的底線
- 歲月流長，儘早儘可能多的使用"走－休息－走"的方法
- 在鞋穿壞前換掉它：準備2、3雙鞋更換
- 飲食中杜絕飽和脂肪和反式脂肪
- 每隔2、3個小時少量進食
- 使用訓練日誌：提前計劃、記錄、調整
- 加入休息、降低跑步速度，不要等筋疲力盡了才這麼做
- 通過健步和按摩（多數為自我按摩）保持肌肉、肌腱的活力和韌性
- 每週執行一個跑步項目：景區跑步、社交跑步、公路賽跑、郊野跑步等
- 在訓練日誌裏記錄下自己的跑步過程
- 當你不確定跑步技巧是否正確時，跑得輕鬆點
- 態度積極

跑到100歲的關鍵就在於維持健康和營養，在力所能及的情況下，盡可能有規律的做運動，確保能適應你努力完成的目標。本書裏的建議，可讓大家在適當的年齡付諸行動，享受跑步的快樂，同時減少痛楚。

　　每年都有幾百位跑步者跟我交流，他們在超過 60
歲後才開始穿上跑鞋。全世界跑步人群增長最快的是
80 歲以上年齡組。我見識過也聽說過一些 90 多歲的
長者，大約每隔一天跑步一次，依然紅光滿面、精神
矍鑠。跑步也是為數不多且能讓長者樂在其中的康樂
項目之一。可以肯定的是，隨着年歲的增長，我們的
態度也需要更加謹慎，因為適用於 20 多歲的訓練方法
可能令我們受益或者受傷。

　　成熟的心理令大多數跑步者的注意力更加集中，
並有效地組織訓練。30 多歲、40 出頭的跑步者不用專
注於特別鍛煉計劃或休息平衡就能改善自己。然而在
某些時候，疲勞和受傷讓許多人錯誤地認為：他們年
紀太大而不能跑步或已經錯過了跑步的黃金時間。

　　我幸運地得知幾千名 50 多歲的跑步者（有的 60
多歲了），在他們體能並非最佳的時候，卻比自己 30
多歲、40 歲的時候還跑得快。如果你想提高成績，本
書提供了一些指南，你可以用於改善注意力、耐心和
平衡感，尤其是壓力和休息的平衡。當跑步的時間縮
短，人到中年的自我得到精彩的提升，哪怕是最慢的
步伐，甚至是最慢的跑步者，都能獲得跑步帶來的獎
賞。

　　對於年長的跑步者來說，跑步在許多方面都愈
來愈重要。即使當其他體能下降了，跑步者仍可多數
比以前跑得遠。隨着年齡的增加，我們變得愈來愈自
省。跑步者們花了很多時間用於整理體能、解決問題
和感受跑完的快樂。不論你是 9 歲還是 90 歲，跑步都
可以不分年齡地提升積極的態度，產生活力。

　　本書會指導你如何掌控一生中非常重要的跑步。你會學習隨着年齡的增長而需要調整的因素、理想的休息長度、插入休息的時間、步伐調整以及健步間歇等。如果你想提高跑步成績，書裏還講述了經過驗證的方法和能夠提高的程度。本書中的這些工具可以幫助你掌握跑步的過程，培養積極的態度。

　　本書書寫了一個又一個跑步者的故事。它是我 50 年跑步經歷以及過去 35 年以多種方法"輔導"20 多萬名跑步者的結晶。但書中的所有建議均不是醫學專業建議，因此如果希望得到專業醫學的幫助，請諮詢醫生或適合的醫學專家。

隨着年長身體有
甚麼不同？

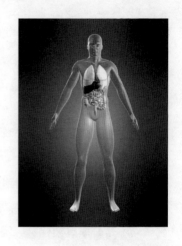

　　正如前文所講，研究顯示隨着年齡的增長，跑步者的關節問題未必多於不常跑步的人。但是我也知道有些跑步者，忽略了基本常識，多次穿過警示牌，令自己造成了永久性的損害。如果定期參加健步和跑步，保證非刺激性的運動量，你的骨骼組織會在一段時間內慢慢適應變化，性能愈來愈好。

　　老練的跑步者經常把自己比成一輛舊車。因為持續性的磨損，將會經歷一系列的各種疼痛。如果跑步者按照訓練進行適當且保守的變化，大多數人都能降低疾病的發作，甚至在脆弱的部分發出警號時仍能持續進行。當處理一些問題的時候，能了解自己同時又預防了另一些問題。大部分的調整都是戰略性休息，比如減少每週跑步的天數，增加健步間歇；疼痛加深的時候，插入額外的恢復時間。

　　求勝心切的跑步者必須隔1、2年就問問自己：當我想跑得更快的時候，需要承擔多少風險？那些不斷挑戰極限的跑步者們往往減少了他們原本可以享受跑步的年數。這就是成熟、完善的作用。對行動做出

選擇，也要承擔相應的後果。我的建議是享受跑步才是最主要的目標
——如果你希望在時鐘敲到 100 歲的時候，還能沿着路一直跑下去。

如果你無懼持續性學習和慢慢調整，沒有理由不能好好享受幾十
年跑步的樂趣。**我個人跑步的最大成就是 30 年來毫髮未損，對此我感
到非常驕傲——書中有介紹：因為我保守地作出了一些調整。**

如何面對逐漸下降的恢復速度

人過 30，通常要花費更久的時間才能令辛苦跑步的雙腿恢復活
力和精神。大多數跑步者在 40 歲的時候才注意到這一點（或者不想承
認）。通過增加一些較保守的訓練內容，受傷的風險會大幅度降低。許
多元老跑步者發現每週少跑一點就能加快跑步的速度，特別是每週跑
步的天數比較少的時候。

我發現恢復跑步速度的最佳方法就是有足夠多的休息日，身體
恢復後，逐漸適應有效率的跑步。整體來說，最好每週減少跑步的天
數，同時延長跑步的里數。以下表格按照跑步者的年齡和當時的狀
況，建議每週跑步的天數，尤其是當跑步者出現以下狀況：

* 正受傷，疼痛加劇或有骨骼問題
* 跑步或比賽間的恢復緩慢
* 跑步的速度下降

（如果上述問題你都沒有，可自行決定每週跑步的天數）

按年齡建議每週跑步/健步的天數：

（你也可以每隔 2、3 天健步或交叉訓練）

35 歲及其以下	一週不超過 5 天
36~45 歲	一週不超過 4 天
46~59 歲	隔一天跑一次

60 多歲	一週 3 天
70 多歲	跑 2 天，走 1 天，健步距離遠
80 多歲	長跑一次，短跑一次，長走一次

注意：長走的前一天應該休息一天。

多用健步作間歇

從跑步伊始，多次加入健步做間隔，即可令成熟的跑步者保證跑步里程的同時能減輕疼痛。通過健步間歇可以使跑步者的雙腿輕柔熱身，跑步結束後感覺更好，還減輕了疼痛、提高了跑步後半段的質量。

如下我按照年齡和跑步速度調整了健步間歇。更多資訊可以在本書的"跑走跑"章節中找到。

每英里的速度	跑步時間	健步時間
7:00	4 分鐘	20 秒
7:30	4 分鐘	20 秒
8:00	4 分鐘	30 秒
8:30	3 分鐘	30 秒
9:00	2 分鐘	30 秒
9:30	2 分鐘	40 秒
10:00~11:29	1.5 分鐘	30 秒
11:30~13:29	1 分鐘	30 秒
13:30~14:59	1 分鐘	1 分鐘（或跑 30 秒走 30 秒）
15:00~16:59	30 秒	45 秒（或跑 1 分鐘走 1.5 分鐘）
17:00~20:00	20-30 秒	1 分鐘

一次更久、更容易的熱身

隨着年歲的增長，熱身愈久（在一次跑步的過程中），腿部就會愈舒服。我的建議是：

- 輕柔健步至少 5 分鐘
- 然後變速健步 5 分鐘，即是你在第二個 5 分鐘裏走得速度比較快，邁小步子。
- 把跑步作為間歇加入到 10 分鐘的健步裏。跑 10 到 20 秒再走 1 分鐘，然後逐漸轉換成跑 1 分鐘、走 1 分鐘。
- 然後，放慢你的跑步速度，降低 "跑－走－跑" 的頻率。
- 保守的跑步始終是更好的。

注意：如果你正在進行快速鍛煉，建議熱身之後再分別加上 4 組 "加速滑行" 和 "節奏訓練"，本書在後面也有講述。

每日里程分成 2、3 個小節

最近有位跑步者告訴我，他在退休的時候才開始跑。他每天延長一點跑步距離，並分成 2、3 個小節來跑，從未受傷。這一整天的安排頗有戰略意義，至少可以充電一個小時，令他想起了小學的 "課間休息"。

快跑更需要雙腿的配合

跑步者在他們的四、五十歲時，有時也能達到自己在二、三十歲的鍛煉水準——但會為此付出代價。保持在極限階段的跑步，過了一定年齡後會產生負面的後果。然而快速訓練和賽跑確實大大增加了受傷的機會，不論任何年紀，我們都有更安全的訓練方式來改善跑步的時間。事實上，隨着歲數增長，恢復性元素必須要加入訓練計劃中。我不建議年過八旬的長者從事快速重複訓練，但本書中也説到節奏練習和加速滑翔可以改善速度。

注意：在試圖進行快速計劃前，確保得到醫生的許可。

重複快速訓練的休息間隔：

（400 米是繞着田徑場一圈或 0.25 英里）

	40-50 歲	51-60 歲	61-65 歲	66-70 歲	71-75 歲	76-80 歲
400 米：	200 米 健步	300 米 健步	350 米 健步	400 米 健步	500 米 健步	600 米 健步
800 米：	300 米 健步	350 米 健步	400 米 健步	500 米 健步	600 米 健步	700 米 健步
1 英里：	400 米 健步	450 米 健步	500 米 健步	600 米 健步	700 米 健步	800 米 健步

激勵計劃

本書包括了許多加強跑步意志的建議。只要計劃賦予你本來缺乏走出去的信心就行，設置目標的時間表就再次點燃了心中的火種。甚至在疾病或其他干擾因素過後，你的計劃框架也指明了方向。成為改善過程中的一部分本來就很激勵人心。

計劃不負有心人

制定時間表，每一次跑步帶着目的：緩解壓力、訓練耐力、達成進步等。當完成了一個難題時，每日的鍛煉就好像完全嵌入了你的跑步生活一樣。早期的鍛煉刺激肌肉並慢慢適應，令身體對接下來幾個星期或幾個月更艱苦的運動做好準備。非跑步日和艱苦的鍛煉相比，非跑步日對年長的跑步者來說更加重要。肌肉必須獲得充分的休息來重建或改善人體內部的工程。當你仔細檢查未來幾個月的計劃時，你會意識到自己對比過去的跑步，正朝着未來前進。即使完全沒有設定任何成績目標，設定計劃也會令你更易激發個人的潛力。

加入足夠的休息，控制受傷和疲勞

保持不受傷是跑步者尤其是年長跑步者改善的主要原因。用休息平衡壓力，你可以逐漸掌控受傷的增加或預防。保守的態度是關鍵。一出現受傷的跡象就進行調整，你就能避免在後來經歷更久的沮喪期。出現受傷的跡象時，至少休息三天並治療受傷的區域。如果你感到愈來愈累，增加健步間歇，縮短跑步距離，一週跑步的日子不要超過 3 天。

從過去進行調整

我們想盡可能地提高記憶力，這是不可能發生的。在日誌中加入筆記，可以令你分析疼痛和訓練問題的原因。即使你在 90 歲也不能跑得更快了，但是你能更聰明地跑步及預防問題發生。利用日誌上的空白邊欄。告訴自己下一次你想做甚麼來避免這些問題。通過追蹤這些調整，你能大大幫助自己。在未來的幾年，開啟另一個目標，藍圖會更美好，因為你已經按照自己的現實進行調整，改善了原本的計劃。

我認為很大程度的滿足感是基於我們平時是怎麼做的。我看到了許多人已用證實的方法來改善跑步，對生活也愈來愈充滿希望。遵守並調整計劃進行成功的跑步，往往能改變人的一生，狀態愈來愈好。

血糖問題

很多跑步者在年長的時候出現血糖問題，請閱讀本書的《血糖維護》章節。

健康問題

　　跑步令人感覺更好，因為它能加強健康、延年益壽。許多跑步者告訴我，跑步能夠提示嚴重的健康風險，早檢查、早治療。尋找一位支持你跑步且願意合作的醫生，把你的健康維持在最佳水準。

目標和練習次序

　　我輔導過的跑步者大多都年過 40，相比一、二十年前的他們，發現注意力和分辨事情重要性的能力都所有提高。成熟往往能賦予人們自信，相信自己能成為跑步艦的艦長。這是一把雙刃劍，如果慾望過於強烈，改善了的專注力會令你筋疲力盡、滿身傷痕。本書接着會講述"掌舵"的一些方法。通讀本章的時候，拿一支鉛筆把每一部分都進行優先排序，再抄下你想實現的目標。每週重複溫習優先主次，確保自己按照課程訓練。

享受跑步

　　找出每次跑步中你最享受的部分，即使是訓練加快速度。大多數的跑步都應該是很享受的，確保每週有一些社交跑步或風景跑步，就能增加你的愉悅程度，繁忙的人們卻經常忽略了這方面。把生活時間表裏的快樂放在第一位，就能控制跑步的愉悅程度。

健康問題

　　下一節的健康貼士對較年長的跑步者特別有幫助。如果你有心臟病家族史或經歷過相應的風險等，監測自己患心臟病的風險就變得非常重要。每年都有跑步者死於心血管疾病，本來接受適當的檢查或行動就可以避免。有心臟病的跑步者通常可以在病情得到控制的時候繼續跑步。關於這一領域的問題，找一個支持跑步的醫生並盡可能做運動。

保持不受傷

跑步者們改善並享受跑步的一個原因是他們不會受傷。列出過去受傷的清單，以及最近感受到的疼痛。讀完本書的受傷章節後，作出必要的調整。因為你消除了壓力，加入了戰略性休息，大部分傷痛也會隨之消失。

避免過度運動或過度疲勞

每過十年，我們必須對過度訓練的早期警示愈來愈敏感。不幸的是，我們常常忽略了警示，也不知道它們是甚麼。訓練日誌是一個非常棒的工具，上面記載了你可能的疼痛、失去的意願以及揮之不去的疲憊感等。如果你受傷了，回顧日誌就能找到答案。日誌令你對可能存在的問題更加警惕，還能對訓練計劃進行保守調整，減少受傷風險。

時間目標

我每年都會和許多跑步者交談，他們在四、五十歲的時候設定了個人一生的跑步記錄，但是每人都會經歷一個特別難提升的時間點。同時，在他們發揮最大的潛力時，疼痛的次數也增加了。各種距離的訓練項目收集在《Galloway 的跑步書》第二版中的"馬拉松、全年計劃、測試自己和半程馬拉松"章節。你會在這本書裏找到按年齡調整訓練的指南。

實際的目標是甚麼？

下面這幾章可以幫你回答這個問題。介紹一個測試，判斷你在幾個賽事中的跑步潛力。然後，你將學習如何選擇期望提高的程度。但是，記住時間目標應該遠遠放在另外兩個主要目標之後：享受每次跑步和保持不受傷。

健康響起警號！

體檢

開始費力的訓練前，先和你的醫生聯絡。確保醫生一直知道你的心血管系統的任何異常或疼痛等健康風險、受傷的訊號。首先，告知醫生或護士你接下來一年裏將要進行的跑步量。大多數人在年紀愈來愈大時都准許繼續跑步。如果醫生反對你的跑步計劃，要問清楚原因。因為確實有極少數的人，即使採用了"跑走跑"的方法也無法接受費力的目標訓練。我建議你諮詢一下別的醫生，如果這位醫生不讓你跑步的話。因為一般來說最好的醫學顧問都希望你能夠參與這種類型的體育活動，除非有明顯的原因才不建議你這麼做。

備註：本書中的建議匯集了一個又一個跑步者的經驗，並非醫學建議。醫生／健康顧問會幫助你快速地解決問題。一位積極且支援的醫學"教練"可以在減少焦慮的同時，提升你的自信心和上進心。

心臟病和跑步

跑步往往能對心血管疾病產生有利的影響。愈來愈多的跑步者死於心臟病而不是其他病因，他們和久坐不動的人死於心臟病的風險是一樣的。大多數存在風險的市民和跑步者往往並不知道他們有健康風險。我知道一些跑步者曾經心臟病發作或中風，只要做幾個簡單的測試就極有可能避免。有些測試羅列在下方，如果有問題和疑慮，還可以向你的醫生做身體檢查。

本小節為你提供了控制心血管系統健康的指南。跑步和健步可以令最重要的人體器官保持高水準的健康，有益延長壽命，提高生活質量。還像往常一樣，你需要從一個了解你個人情況的醫生那裏尋求建議。

檢查身體是否有以下風險因素，如果包含一、兩項，情況就算嚴重：

☐ 家族病史

☐ 年輕時糟糕的生活方式和習慣

☐ 高脂/高膽固醇飲食

☐ 曾經吸煙或一直在吸煙

☐ 過於肥胖或嚴重超重

☐ 高血壓（良好的血壓應該維持在 135/85 以下，如果能降到 125 / 75 最好）

☐ 高血糖（良好的血糖應該維持在 100 以下）

測驗判斷你是否存在風險：

☐ 壓力測驗——跑步的難度逐漸增加時監測心臟的反應。這個測試能夠選出一些心臟風險，但仍會有很多真正的問題未被發現。

☐ 膽固醇檢查——膽固醇低於 180 表示良好，低於 150 表示優秀。向醫生詢問個人 HDL（粒子百分比愈高愈好）和 LDL 的變化情況（粒子可能導致一些問題）。

☐ C反應蛋白——風險增加的一個指標。

☐ 心電圖——心臟電子掃描圖像可以顯示動脈鈣化，也能看出動脈狹窄。讀數高於普通水準並不意味血管阻塞，但也許需要進一步的檢查。

☐ 放射性染色測試——有效定位阻塞的部位，和醫生聊聊這個吧。

☐ 頸動脈超聲波測試——有助於判別你是否有中風的風險。

☐ 踝肱測試——顯示全身動脈是否聚集齷齪下菌斑。

所有這些都不是絕對安全的，但通過心血管醫生的檢查，你增加了生活的機會，直到肌肉無法進一步推動你跑到 100 歲。

選擇醫生

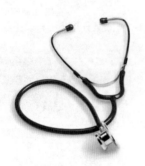

愈來愈多的家庭醫生提倡健身運動。如果你的醫生不太支持，諮詢護士們是否還有其他的醫生在這一組，或者去找別的醫生再諮詢一下。支持健身運動的醫生們通常都態度積極且精力充沛，他們經常學習關於運動減少疾病和延長生命質量的最新研究。

在跑步圈子裏尋找醫生

請教當地跑步產品商店、跑步會員俱樂部的工作人員或者長期的跑步者。他們往往知道一些在你居住地附近的醫生，跑步者們有各種醫療問題時都會找他們。醫生告訴我，跑步者相對於其他病人，問題更多並希望預防疾病。跑步者們在生命的末期還保持着高水準的運動。你需要一位支持這種理念的醫生，並且請他作為你的 "健康教練"。選擇一位合作的醫生，避免受傷、疾病和其他健康問題。

感冒時能跑步嗎？

很多個人健康問題都和感冒離不開關係，運動前身體感染了，你就必須看醫生。

- 肺部感染：不要跑！肺部的一個病毒可能轉移到心臟並導致死亡。咳嗽往往暗示肺部受到了感染。
- 普通感冒：許多感染最初都是由普通感冒引起的，但是感染有可能惡化。所以在跑步之前，至少給醫生打一個電話了解清楚狀況。一定要解釋你要跑多遠，以及服用了甚麼藥。
- 喉部和頸部以上的感染：大多數跑步者都沒問題，但最好還是問問醫生。

速度風險

跑步的加速環節容易增加受傷和心血管疾病的風險。確保你的醫生同意你開始增速的項目，但若有受傷或心血管問題的可能，就別跑了，哪怕只有 10 碼。停止跑步，休息兩三天，必要的時候徵求醫生的意見。本書的建議通常很保守，但如果不確定的話，再多休息幾天，降低跑步速度。換句話說，你要更保守才好。

Chapter 2

Galloway的
"跑—走—跑"方法

"跑—走—跑" 方法

　　健步間歇可以令跑步者在他們 40 多歲的時候比 30 多歲的時候跑得還快,同時年過五旬的跑步者通過健步間歇可以維持跑步的高度連貫性。60 多歲的跑步者告訴我他們遵守了以下的指南後,現在比 30 多歲、40 多歲的他們少了很多疼痛。我懷疑你們會從訓練內

健步間歇可以:

- 讓你自己控制從頭至尾的感覺
- 令年長和過重的跑步者想跑多遠都可以,並且能快速恢復
- 消除疲勞
- 打破你的疲勞極限
- 在每次健步間歇的時候收集腦內啡,你會感覺非常棒!
- 把跑步里程分為幾個可以操控的小單元("再多兩分鐘")
- 快速恢復
- 降低疼痛、受傷的可能性
- 令你在參加跑步後的日常活動時感覺良好
- 毫無疼痛且給予你耐力跑完全程的每一節

容裏找到比"跑走跑"更有幫助的內容。驚喜還在繼續着，每週我都收到了年長跑步者的成功故事，因為他們從剛剛開始跑步就加入了健步間歇。許多人在找到了合適的比率後，提高了他們的跑步成績。方法使用得當時，疲勞消除了，上進心提升了，跑步的樂趣加強了，跑步者變得自信了，也有實力完成比賽了。

累了就走走

我們大多數人甚至在沒有接受任何訓練的時候，就能走上幾英里直到筋疲力盡。因為生理機能令我們對走路這項活動，可以走上幾個小時。跑步就難多了，因為你必須讓身體離開地面，然後不斷吸收踏地的衝擊力。一個人人皆知的科學事實就是持續使用跑步肌肉會造成疲勞和更多的傷害。但是，如果你在跑步肌肉開始疲憊之前就走一走，肌肉就能迅速恢復——增強你的訓練能力，同時減少第二天疼痛和長期受傷的機會。

"方法"部分包括一個策略。採用跑步和健步比率，你就能控制自己的疲勞。儘早使用降低疲勞的工具，可以令你以肌肉組織和自信精神迎接未來的挑戰。即使不需要這種方法帶來的額外力量和韌性，你也會在跑步中和跑步後感覺更好。跑步結束時，你就知道自己還能跑得更遠。

> **"跑—走的方法非常簡單：跑一小段，再以健步的方式休息一下，保持這樣的形式。"**

健步間歇可以令你掌控疲勞，也能更享受每一次跑步。愈早愈多的採用這種方法，即使剛才跑步的距離非常遙遠，你也能在跑步結束後感到力量。初學者會把每一小段跑步轉變成小段的健步走。連精英跑步者都發現健步間歇可以加快他們的恢復速度。所以，沒必要筋疲力盡地跑完 30 英里全程。

短小、輕柔的健步步伐

最好把健步的速度放慢，步子短一點。當跑步者或健步者的步伐過長時，小腿就會受到一些刺激。放鬆並享受健步吧。

不用排除健步間隔

有些跑步者認為他們必須努力跑一整天，一點也不需要健步間歇。這樣的想法完全取決於個人，卻不推薦。記住你用的"跑走跑"比率。沒有硬性規定你在某天必須要保持甚麼比率。**按照感覺來調整跑步、健步的比率，你就能掌控疲勞的程度。**

我已經有 50 年的跑步經歷，健步間歇讓我愈來愈享受跑步。我幾乎每次在跑步中和跑步結束時都精神飽滿、思維敏捷。如果沒有那麼早的多次加入健步間歇，我是不可能幾乎每天都跑步的。開始跑步時，我通常會在每分鐘裏走上一小段路。兩英里的路程，我會每隔 3、4 分鐘健步走。5 英里的路程，比率就會調整為隔 7-10 分鐘健步走。然而每年也有一些日子我會保持隔 3 分鐘就健步走，甚至是隔 1 分鐘就健步走。

你使用的跑走跑比率可以日日不同。採用的比率愈保守，從跑步中得到的快樂就會與日俱增。

怎樣保持健步間隔

有些手錶可以設定為嗶嗶響提示該是跑步的時間了，然後應該啟動的時候再次嗶嗶響。登陸網站（www.jeffgalloway.com）查閱這一區域跑步用品專賣店的建議。

跑走跑的比率

我已經輔導了 10 萬多名跑步者使用健步間歇的方法，下表是我為 45 歲以上的跑步者制定的建議比率：

每英里的速度（時間）	跑步時間	健步時間
7 分	4 分鐘	20 秒
7 分 30 秒	4 分鐘	20 秒
8 分	4 分鐘	30 秒
8 分 30 秒	3 分鐘	30 秒
9 分	2 分鐘	30 秒
9 分	2 分鐘	40 秒
10 分－11 分 29 秒	1.5 分鐘	30 秒
11 分 30 秒－13 分 29 秒	1 分鐘	30 秒
13 分 30 秒－14 分 59 秒	1 分鐘	1 分鐘（或跑 30 秒走 30 秒）
15 分－16 分 59 秒	30 秒	45 秒（或跑 1 分鐘走 1 分半）
17 分－20 分	20-30 秒	1 分鐘

整體上講，我發現年長的跑步者較能從更短的跑步小節和更頻繁的健步間歇獲益，甚至是健步過程比較短的時候都受益匪淺。

小貼士：

　　你可以把每個單位的數字除以 2。例如：你可以把每跑步 4 分鐘健步 30 秒變成每跑步 2 分鐘健步 15 秒。如果你剛好走到 1 英里標記處的時候，就能健步經過加水站了。

今天我適合多快
的步伐？

　　有經驗的跑步者在跑得特別快的時候總是很痛苦，尤其在長跑的時候。那麼正確的速度應該是多少呢？我們能在本章中找到問題的答案。即使你不太熱衷於跑得更快，我下面列出的預測方案會告訴你適合你的速度。你能每天制定一些合理的目標，可能提高的程度以及在某些點上你是否堅持了目標。在項目結束的時候，這些預訂時間實驗可以判斷你在狀態好的時候可以達到的成績，以及如何按溫度調整。

　　定期測試可以估計出設定的目標。你還要控制一下自我，因為自我往往令你設定的目標和當前的能力不相符。"神奇英里"按照目前實際成績的潛力來調整你的鍛煉計劃，這樣可以避免目標不切實際而帶來沮喪。

備注：我的書《全年計劃》包括 52 個星期的鍛煉計劃，幫助你按照一年四大比賽距離一樣遠地訓練自己。

方案使用指南 3

- 已為目標完成了必要的訓練——參照《Galloway 跑步書》第二版之"全年計劃、半程馬拉松、馬拉松或測試自己"裏的訓練項目。
- 沒有受傷。

- 採用勻速跑步的方式，在必要的時候加入健步間歇。
- 目標比賽日的天氣不錯。天氣狀況可能會降低你的速度，比如溫度高於華氏 60 度，逆風強烈、下大雨或大雪等。

"神奇英里"

一英里時間測試（TT）已成為我最喜歡的評估工具，因為操作簡單、預測成績非常精準。我積累了輔導 20 多萬人跑步的經驗（超過 30 年），研發了以下方案，下面是具體步驟：

1. 找一個跑道或其他測量精準的比賽場地。
2. 健步熱身 6 分鐘，然後跑一分鐘、走一分鐘，再慢跑 800 米。（半英里或沿着跑道跑兩圈）
3. 做 4 組加速滑行。
4. 走 3 到 4 分鐘。
5. 作一英里時間測試（TT）——努力 4 圈，接着進行本章建議的健步間歇。在開始跑步的時候用錶計時，一直到第四圈跑完。
6. 不要在第一場賽跑的一開始就全力以赴——進行一半（2 圈）以後輕鬆達到你的速度。
7. 通過逆轉熱身訓練來進行賽後休息。
8. 學校的跑道是最佳的跑步地方。不要使用跑步機，因為人人都知道跑步機一般都沒校準，它顯示的速度和距離超過你在實際中所跑的。
9. 在每個連續時間測試中，調整速度令你比上次跑的時間短。
10. 使用下面的方案看看跑步目標時間的預測是多少。

"我應該多努力地執行測試呢？"

從不使出全力的跑。第一個 "神奇英里"（MM），你就會比現在跑得快一點。在每個連續時間測試中，你的任務就是打敗上一次的跑步時間。經過 4 到 6 組的神奇英里和時間測試，大多數跑步者的跑步成績已經很接近他們在這段距離的潛力時間了。

在這一點上，你跑第一圈的速度要比你認為的平均速度慢一點。按照本章節提到的健步間歇建議，進行一次簡短的健步間歇。如果你這時沒有氣喘吁吁，就可以在第二圈把步伐加快一點。如果你在第一圈結束的時候已經氣喘吁吁了，就以相同的速度跑第二圈。大多數跑步者在第二圈之後的健步間歇中受益。在第三圈結束的時候，健步間歇就不是強制性的了。最後一圈呼吸困難是可以接受的。如果你在最後一圈減速了，下次測試的時候降低起始速度。當整個跑步計劃收尾，你在完成的時候應該感覺無法再以相同的速度多跑一圈。也許你會發現你不需要實驗和調整——測試裏的許多健步間歇。一如既往，在完成這方面的努力後，告訴醫生你想進行一英里速跑（不是衝刺）。

蓋洛威預測方案

通過一英里時間測試預測較長距離每英里賽跑的速度（繞着跑道跑 4 圈）

5 公里	用一英里時間加 33 秒
10 公里	用一英里時間乘以 1.15
半程馬拉松	用一英里時間乘以 1.2
馬拉松	用一英里時間乘以 1.3
長跑速度	每英里比馬拉松預測時間慢 2-3 分鐘

例子：

里程時間	10:00（10 分鐘）
5 公里的時間加上 33 秒鐘	10 分 33 秒就是 5 公里跑步的預測時間。
10 公里的速度	10 乘以 1.15，10 x 1.15=11.5 分鐘
半程馬拉松的速度	10 乘以 1.2，10 x 1.2=12 分鐘
馬拉松的速度	10 乘以 1.3，10 x 1.3=13 分鐘
長跑的速度應該是	每英里 15 到 15 分半。

一英里的 時間	5 公里的速 度（+33 秒）	10 公里的速 度（x1.15）	半程馬拉松 （x1.2）	馬拉松 （x1.3）
05:00	05:33	05:45	06:00	06:30
05:30	06:03	06:19	06:37	07:09
06:00	06:33	06:54	07:12	07:48
06:30	07:03	07:25	07:48	08:28
07:00	07:33	08:03	08:24	09:06
07:30	08:03	08:37	09:00	09:45
08:00	08:33	09:12	09:36	10:24
08:30	09:03	09:46	10:12	11:03
09:00	09:33	10:21	11:48	11:42
09:30	10:03	10:57	11:24	12:21
10:00	10:33	11:30	12:00	13:00
10:30	11:03	12:04	12:36	13:39
11:00	11:33	12:39	13:12	14:18
11:30	12:03	13:19	13:48	14:57
12:00	12:33	13:48	14:24	15:46
12:30	13:03	14:22	15:00	16:15
13:00	13:33	14:57	15:36	16:54

13:30	14:03	15:31	16:12	17:33
14:00	14:33	16:06	16:48	18:12
14:30	15:03	16:38	17:24	18:51
15:00	15:33	17:15	18:00	19:30
15:30	16:03	17:49	18:36	20:09
16:00	16:33	18:24	19:12	20:48

一英里測試的健步間歇

每英里跑步的速度	健步秒數
08:00	每 2 圈 5 到 10 秒
08:30	每 2 圈 8 到 12 秒
09:00	每 2 圈 10 到 15 秒
09:30	每 2 圈 12 到 18 秒
10:00	每圈 5 到 8 秒
10:30	每圈 7 到 10 秒
11:00	每圈 9 到 12 秒
11:30	每圈 10 到 15 秒
12:00	每圈 11 到 16 秒
12:30	每圈 12 到 17 秒
13:00	每圈 13 到 18 秒
13:30	每圈 14 到 19 秒
14:00	每圈 15 到 20 秒
14:30	每圈 16 到 21 秒
15:00	每圈 17 到 22 秒
15:30	每圈 18 到 23 秒
16:00	每圈 19 到 24 秒

"信念飛躍"目標預測

選擇比你測試前預測還快的時間作為賽跑目標是可以的。因為賽前 3 到 6 個月已經開始訓練，你可以通過速度訓練、長跑和演練提高成績。為達到預測的目的，比如你要實現"飛躍"的目標，我建議在 3 到 6 個月的培訓項目中，成績提高不超過 3%。

小貼士：

無論你的第一場賽跑屬任何距離，輕鬆地去"跑完"它吧。完成一項比賽之後，就可以向更快的時間努力。

1. 進行一公里時間測試。
2. 如果你按照目標距離訓練的話，用上述方案預測現在的跑步程度。
3. 選擇項目中的改進程度（1% － 3%）。
4. 減去 2 號就是你的目標時間。

"信念飛躍"的程度

5 公里測試前的預測	改善 3%（3 到 6 個月的訓練項目）
40 分	1 分 12 秒
33 分	60 秒
28 分	50 秒
25 分	45 秒
20 分	36 秒
17 分	31 秒

半程馬拉松測試前的預測	
03:00	02:54:36
02:30	02:25:30
02:00	01:56:24
06:30	06:18:18
06:00	05:49:12
05:30	05:20:06
05:00	04:51:00
04:30	04:21:54
04:00	03:52:48

目標設定的關鍵是自我不斷的檢查。根據我的經驗，3% 的進步是既現實又充滿挑戰性的。也就是說，如果你預測自己 5 公里的時間是 30 分鐘，按照訓練大綱裏訓練日程上的速度訓練和長跑訓練，就能比較合理的把它降低 54 秒鐘。

所有這些狀況也需要在條件都具備的情況下產生預測的結果。即使有的跑步者把成績提高 3% 作為目標，完成上述所有訓練後，賽季成績可能只有目標成績的 50%，因為決定馬拉松比賽目標時間的還有不可控的一些因素，像天氣、地形、感染等。

小貼士：

本書還有通過 5 公里的距離訓練 1 英里的計劃，可以測試自己。

最終檢查

用最後三次時間測驗消除最慢的時間。平均剩餘兩次的時間好好預測你的跑步目標。如果測試預測的時間比訓練設定的目標時間慢，

相應地調整你的跑步目標時間。強烈推薦你在跑目標
比賽的三分之一時，以低於測試的平均速度把每英里
的跑步時間降低幾秒鐘。像往常一樣，根據比賽當日
的溫度調整目標。

使用日誌

繼續讀本章的時候，使用日誌。如果合理地利用
這個工具，提升目標成績的機會就大大增加了。從心
理學上講，當你使用日誌的時候，就開始對任務的完
成負責了。《傑夫・蓋洛威的訓練日誌》涵蓋了一年
中值得的日誌條目，幫你設定訓練和個人日誌。

預測策略

在我充滿競爭力的時候，頭十年我和其他的跑步
者一起共事，我發現一個非常有益的預測工具——由
Gerry Purdy 和 James Gardner 製作的《計算跑步訓練計
劃》。這本書已經多次修改、再版印刷，田徑場新聞
還按照這本書製作了軟件"Running Trax"。特此向各
位極力推薦這些資源。

跑步者的裝備清單

　　跑步是人生中為數不多的一種經歷，不像其他活動有那麼多的要求和期望，常常令人不堪重負。其中一份自由的感覺來自於跑步的簡潔——裝備簡單。你可以從家或辦公室利用公共街道或者人行道就開始跑步了。總的說來，我還沒發現甚麼別的經歷能比跑步還能讓人精神抖擻、態度積極。我建議你把每天的跑步作出必要的修改，將它帶來的好處最大化。

　　以下這些項目可以加強你的跑步體驗。你會發現"頂行"的項目並不是最好的必要跑步項目。例如：普通的衣着和價格一般的跑步鞋在大多數情況下也能很好的工作。不用加入到鄉村俱樂部或購買昂貴的運動器材。如果有一個跑步搭檔，固然能互相鼓勵，但搭檔並不是必須的，很多跑步者在大多數情況下都是獨自跑步的。"支援小組"（跑步同伴、醫生、跑鞋專家）可以幫助你訓練，但是你也可以通過跑步"圈子"認識到這些人。

鞋——主要投資

"最佳建議就是……獲得最佳建議"

　　隨着年齡增長，我們往往會經歷愈來愈多的腳步"問題"。大多數40歲以上的跑步者都會明智的多花一點時間選擇一雙好跑鞋。總之，

鞋是唯一真正需要的裝備——跑鞋專家們可以處理大多數的"腳步問題"。一雙適合你的鞋可以令跑步更加輕鬆，減少水泡、腳步疲勞和受傷的可能。

鞋子的品牌和款式不計其數，買鞋的時候就困惑了。不如去一家信譽好的跑步產品專賣店買鞋，職員是樂於助人又知識豐富的跑步者們，不僅能節省買鞋的時間，往往還能幫你挑選到比你自己本人挑選得還好的跑鞋。

把穿得最久的鞋拿給店裏經驗最豐富的職員

也許你穿得最久的鞋是一雙街鞋，把鞋底給店員看看，他就能知道你的穿着方式。再選擇一雙你覺得很舒服的跑鞋。一旦發現一雙很適合你的鞋，多買一雙並穿着它們跑短距離跑步，一星期兩天。這樣就能一邊幫你適應新鞋，一邊發覺舊鞋已經沒用了。確保在鞋爛了之前已經停止穿着。

我需要賽跑鞋嗎？

賽跑鞋在大多數情況下只能在一英里內令你加速幾秒鐘——但是，也許這就是你需要達到的目標。幾週後，如果你覺得訓練跑鞋太沉或"笨重"，就放棄賽跑鞋吧。

　　注意：成熟的跑步者往往發現輕盈的訓練跑鞋比賽跑鞋還要好。賽跑鞋後方的微型墊子會在賽跑中壓縮，跑到最後幾英里或者最後關頭，腳部會產生大量的壓力。

一隻手錶

　　很多物美價廉的手錶可以記錄你鍛煉和比賽的準確時間。任何具有跑錶功能的手錶都行。一定要問問手錶店的店員如何使用跑錶。有些手錶在每一次跑步小節結束的時候，都會 "滴" 一聲，方便了健步間歇，在下一節跑步小節時又開始運轉。查詢具有這種功能的手錶，請登錄網站 www.runinjuryfree.com。

衣着：一切以舒適為主

　　本書結尾的 "衣着溫度計" 可以幫你按照當前的天氣選擇適合的服裝。夏天可以穿針織衣服，輕便又涼爽。天氣寒冷的時候，多層穿着是最佳策略。不同的天氣下跑起步來可能有些困難。有一些新科技布料製成的衣服可以令跑步更加舒適——即使天氣惡劣。你還可以給自己買套時尚的外套 "獎勵" 自己朝着目標努力。

一本訓練日誌

　　這本日誌也是跑步的重要組成部分，我已經寫了一整章。用日誌可以提前規劃，日後審核錯誤，你就在很大程度上掌握了跑步的未來。慢慢你會習慣記下每天都做了甚麼，如果有天漏掉了記錄，反而會不太適應。一旦進入日誌的步驟，年長的跑步者就會覺得非常有成就感。

跑步場地

不同的跑步場地對跑步均有幫助。嘗試為每種跑步類型找到至少兩個或更多的場地。

長距離跑步	風景區或有趣的區域最棒，最好有人行道和相對柔軟的地表。如果你的目標比賽在人行道上進行（大多數比賽均是），你最好把訓練中的一半路程都設置為人行道上進行。
快走	田徑場或任何可以精確測量的路段或路徑。
賽跑	小心選擇場地，避免山丘、過多的轉彎或過於平坦的地形（如果經常在高低起伏的山丘進行訓練的話）。是的，在地形平坦的比賽裏，那些在各種地形裏接受訓練的賽跑者，他們的肌肉在跑步時更容易疲勞。
神奇英里時間測試(TT)	賽道是最好的選擇。大多數賽道都是 400 米（約為四分之一英里）。
熱身訓練	任何具備安全表面的跑步場地。
室內跑步	因為"天氣糟糕"，可以在跑步機或者室內空曠的場地進行跑步。

安全第一

選擇一個遠離交通事故的安全場地——不太可能發生罪案的地方。儘量找到兩個以上滿足上述條件的場地，多樣性的場地也能激勵跑步。

便利

如果在家和寫字樓的附近，有諸多滿足上述條件的場地，你就更有可能在你需要跑步的時候，按照日程表來鍛煉。

地面

選擇合適的跑鞋,鞋墊適中,跑道就不會在跑步時對腿和身體產生額外的衝擊力。平滑的土地或碎石小道更適合速度輕鬆的跑步。但要注意到不平坦的地面,尤其當你關節脆弱或有腳部問題時。至於時間測試、快走和熱身,你應該和跑鞋專家諮詢一下,在特定的地面跑步,如何避免水泡等問題。避免有斜坡的馬路、小徑、賽道或道路,平坦的才是最好的。

挑選跑步同伴

在長距跑和輕鬆跑的日子裏,不要選比你跑得快的人一起跑步——除非他把速度降到對你來說還要慢的步伐。很多年長的跑步者每年都會受傷,因為他們試圖趕上年輕和跑得更快的朋友——尤其在原本應該慢慢跑的日子裏。和跑得足夠慢的人一起跑步能夠鼓舞人心,同時你也能得到一次愉快的對話。在彼此願意的情況下,分享故事、笑話和問題,你們倆就以積極的方式聯繫在一起。如果你沒有試圖為了跑到一個過快的速度而氣喘吁吁(或嘔吐)的話,那麼跑步而形成的友誼,最堅強也最持久。在快速跑的日子裏,只要在每次加速跑的時候選擇對你來說正確的場地,有時選擇一個比你跑得稍快的人對跑步是有幫助的。

獎勵

獎勵在每時每刻都很重要。敏感並用實物(更多舒適的跑鞋、衣服等)強化你的積極行為就能一直保持上進心,同時令跑步的經歷愈來愈好。積極的強化法是有效的!完成一場艱辛的跑步後,獎勵自己一份奶昔,跳進涼爽的泳池暢泳一番或者在一場長距跑之後外出吃個大餐——所有這些都能強化你完成了一週或一個月跑步的成功感。特

別的福利是在結束跑步後的 30 分鐘內來點零食，它的
熱量為 200 到 300 卡路里，包含 80% 的碳水化合物和
20% 的蛋白質。產品 Accelerade 和 Endurox R4 的配
方就是這種比例，非常方便，而且能加快你身體的恢
復。

日曆上的預約

大多數年長的跑步者在日曆
或預約冊上（提前）設定跑步的
日子時，保持提前 2 個星期，每
年就能多跑幾天。你可以在跑步
日期周圍設定其他的生活活動，
把跑步鎖定為例行公事。假設跑
步是老闆和你的一個預約，或者
你最重要的客戶的預約。實際上，你才是你自己最重
要的客戶！

走向戶外的動力

有兩個時間段是大多數跑步者覺得最
有挑戰性的：清晨和一天結束之前。在本
書的激勵章節裏，為這些狀況講述了排練
活動。一旦發現規律的跑步能令你感覺更
好的時候，你也更容易受到激勵。是的，
當你在適當的準備後，以恰當的速度跑步
和健步，你就會感覺更佳，同時也能影響
到其他的事情愈來愈好，以更加飽滿的精
神享受接下來的這一天。

跑步機和街道一樣有利於短跑

愈來愈多的跑步者利用跑步機完成了至少一半的跑步里程——尤其是需要照看孫子輩的長者們。事實上，跑步機顯示的里程和速度往往大於你實際的跑步里程和速度（通常誤差不會超過 10%）。但是如果你在跑步機上指定跑個幾分鐘，努力達到你習慣的程度（不會氣喘吁吁），就會很接近你希望達到的訓練效果。為了確保跑夠里程，你可以在跑步機的日子裏把里程多設定 10%。

通常在跑步之前不要進食

大多數跑步者在跑步里程少於 6 英里的時候不需要跑前進食。具有糖尿病或者嚴重血糖問題的跑步者會有這樣的期望。大多數跑步者在跑步正式開始的一小時前來一杯咖啡會在跑步過程中感覺更好。咖啡因參與到中樞神經系統，令全身系統很快地配合運動興奮起來。當壓力存在時，咖啡精華能夠加速這樣的過程。

如果你低血糖，這種情況經常發生在下午，進食 100 至 200 卡路里的零食能有所幫助，裏面 80% 是碳水化合物，20% 為蛋白質。在跑步 30 分鐘前進食零食。Accelerade 是非常有效的。在我即將邁入 50 歲的時候，許多情況下我都是在進食一個能量條和一杯咖啡後進行戶外運動的。

任何年紀都可出現的生理改善

你的身體具有非凡的機制。如果你能堅持規律的跑步，身體裏數以千計的組成部分就能得以改善。本章窺探了肌肉的內部組織。同時，你也能明白訓練如何把不同的元素交織在一起，幫助你以一個整體前進，改善健康和健身。整個過程就像身體組成部分的交響曲，融合了心靈、身體、心臟、腿部、左腦等，恰如其分得整合為一個團隊。

通過一系列的挑戰改善身體

我認為長距離的跑步令我們體內的各個系統參與其中，令我們和我們的根直接聯繫在一起。原始人為了生存不得不跑和走——每年至少一千英里。經過幾百萬年的進化，肌肉、肌腱、骨骼、能量系統和心血管的組成部分逐漸演變，令人體的能力擴展到長距離的跑和走。在這樣一個擴展的時期，心理回報也有了一系列的發展。這就是為甚麼我們以正確（保守的）速度跑和健走的時候，感到不錯。

心、肺、神經、大腦等組成的 "團隊"

在學院或者專業運動會上，常常看到以才華個體組成的團隊被能力稍差的堅實團隊打敗了。跑步可以把你體內的關鍵器官鑄造成一個協調的整體，好比打造了一個堅實的團隊。按照一個人的能力範圍來跑步，右腦就能利用直覺和創造力來解決問題，整合資源，幫助我們找到能夠處理的速度和訓練量。心臟是主要的血泵，雙腿肌肉在健康的情況下，能夠提供大量的幫助令血液泵回心臟。

1. 心臟更強勁。心臟的力量和肌肉一樣可以通過規律、持久的訓練提升它的有效性。
2. 肺部就能更有效率的處理氧氣並把氧氣和血液結合。
3. 適應性：我們的身體本身就可以通過擺脫一小部分工作量來節約資源。想提升成績，就要以輕柔的方式，一週週地挑戰腿部、心臟、肺部等。以下是部分得到改善的結果：
    *   線粒體（肌肉細胞內部的能量工廠）的能力增加、數量增多。
    *   足部的機械效率提升——以更少的力量完成更多的作業。
    *   疲勞時，雙腿能移動得更遠——產生了許多積極的適應能力。
    *   肌肉細胞組織成一個團隊來工作——用更少的資源提升效能，令血液更好地泵回心臟。
    *   注意力更集中。
    *   當你發現自己有所進步的時候，精神釋放了。

腦內啡止痛，令人感覺變好

任何速度的跑步，尤其是速度訓練，給你的身體一個訊號：有些疼痛可以止住。這種自然的反應是因為產生了一種叫做腦內啡的自然止痛劑。這些荷爾蒙和藥物一樣能放鬆肌肉，有效對抗傷痛、同時產生積極的態度——特別在你跑步結束後特別累的時候。休息間隔中的健步可以搜集到腦內啡。

逐漸加大跑步量

即使是最年長的身體，在逐漸地加大跑步量、輔以充足的休息時，也能提升身體的效能。逼迫得太緊或忽視了休息，你就會發現疼痛和受傷增多了。如果培訓專案專門為你而設，針對問題作出合適的調整，跑步者就能在每年的大多數日子裏保持不受傷。

壓力＋休息＝進步

當我們比理想的目標速度跑得快一點，肌肉細胞和肌腱就會因為過多的負荷而傾向於發生故障。如果壓力和之前相比不算太多，壓力就會刺激身體的內部改善。所以，我們的身體在略有負荷的時候，本身設定為恢復到之前更強的狀態。但是這樣的壓力必須是柔和及規律的，並通過大量的休息來促進身體的恢復。年長的跑步者需要非常認真地看一看方程式的休息部分。

關鍵因素：
長跑、斜坡和規律

長距跑鍛煉耐力

通過逐漸延長慢速長距離跑步，你就能訓練肌肉細胞有效使用氧氣的能力，保持能量產出，概括地說就是提升肌肉細胞的能力，令你跑得更遠。持續增加長距跑的距離能夠延伸動脈毛細血管輸送氧氣的覆蓋範圍，改善廢物的回收，令肌肉高效能的工作。總之，長距跑能賦予人體一個更好的泵血系統，同時改善肌肉的能力。這些改善可以提升肌肉對速度訓練和賽跑的反應。

即使跑得非常慢，加入豐富的健步間歇，就可以通過逐漸增加常規日程長距跑的距離培養耐力。從延長現有長距跑的長度開始，每次增加 0.5 或 1 英里，或按照如下的日程表：

1. 目前長距跑里程為 1-2 英里，每週增加半英里。

2. 長距跑里程達到 4-6 英里時，每週增加 1 英里。

3. 長距跑里程超過 9 英里時，每兩週增加 1-2 英里，在非長距跑週末時可以減半。

4. 長距跑里程超過 17 英里時，每 3 週增加 2-3 英里，非長距跑週末跑 7-9 英里。

5. 記住在跑長距跑的時候，速度要比"神奇里程"速度的 1.3 倍慢 2-3 分鐘 / 英里。例如：神奇里程時間是 10：00，預計馬拉松速度為 13 分鐘 / 英里，則長距跑訓練速度就不能超過 15 分鐘 / 英里。如果能夠再放慢 1–2 分鐘就更好了。

按炎熱程度調整速度：	
50–60 歲組：	華氏 60 度以上，每增加華氏 5 度則一英里跑慢 30 秒鐘（即攝氏 14 度以上，每增加攝氏 2 度則一公里跑慢 20 秒鐘）
61–70 歲組：	華氏 60 度以上，每增加華氏 5 度則一英里跑慢 35 秒鐘（即攝氏 14 度以上，每增加攝氏 2 度則一公里跑慢 25 秒鐘）
71–80 歲組：	華氏 60 度以上，每增加華氏 5 度則一英里跑慢 45 秒鐘（即攝氏 14 度以上，每增加攝氏 2 度則一公里跑慢 33 秒鐘）
81–90 歲組：	華氏 60 度以上，每增加華氏 5 度則一英里跑慢 60 秒鐘（即攝氏 14 度以上，每增加攝氏 2 度則一公里跑慢 45 秒鐘）
90 歲以上組：	長距跑限制在 10–12 英里（15 到 20 公里），按照 81–90 歲組的配方減速。

通過斜坡訓練力量

培養力量以及更多：斜坡訓練已被愈來愈多的年長跑步者用作速度訓練的唯一形式。斜坡訓練減少了速度訓練中特定受傷類型的機率。當你提高速度時，腿部的力量也在加強，同時提高了斜坡賽跑的能力。斜坡訓練全年都可以進行，亦可以作為快速跑步訓練的簡單開始。

可以把幾組斜坡訓練安排在一個較短的跑步日，通常是週二或者週四。開始的時候，少做幾組，然後每次訓練可以逐漸的增加 1 組。不要衝刺！第一組斜坡訓練的最快速度應該只是比你的跑步訓練速度稍微快一點。經驗豐富的跑步者在翻越斜坡頂端的時候，可以把每次斜坡訓練速度提高到大概 5 公里 / 小時。請閱讀以下關於斜坡跑步姿勢的章節。

斜坡鍛煉

1. 健步 5 分鐘。
2. 慢跑和健步大約 10 分鐘至斜坡，慢跑 1 分鐘健步 1 分鐘（熱身時間稍長亦可）。
3. 作 4 組加速下降的動作。這些已經列入 "步驟" 章節（不要衝刺）。
4. 反轉熱身運動流程作為跑後休息。
5. 選擇坡度較緩的斜坡，陡坡經常會導致一些問題，毫無益處。
6. 健步到斜坡坡頂，然後從坡頂一步一步向下走。
7. 初學者健步 50 下。
8. 很少做速度訓練的人，可以健步 100-150 下。
9. 正在做速度訓練，但訓練時間低於最近 6 個月的人，健步 150-200 下。
10. 正在做規律性的速度訓練的人，健步 200-300 下。
11. 標記你走到的位置，這就是你的斜坡起點。健步走到斜坡的坡底。
12. 完成熱身活動：沿着斜坡向上跑 5 秒，接着向下跑 5 秒，健步 30-60 秒。如此重複 5-10 次。
13. 健步 3-4 分鐘。
14. 開始重複斜坡鍛煉。以慢跑完成每個斜坡加速的頭幾步，然後在上坡的時候逐漸提高你的步頻。
15. 找到一個舒服的節奏，使得在上坡的時候能慢慢加快這個節奏或是步頻（腳步和腿部的每分鐘轉換速度）。
16. 保持較小的步幅，並且在上斜坡的時候逐漸減小步幅。
17. 在坡頂的時候如果有氣喘吁吁的情況是可以接受的，但別讓雙腿過度拉伸或感到過於勞累。
18. 至少用 10 步跑過斜坡的頂部。
19. 慢跑跑回斜坡的頂部然後健步下坡，在斜坡訓練的間隙恢復體力。完成每一個斜坡後，健步到體力完全恢復為止。

斜坡跑步姿勢

1. 以舒適的步幅開始——相對較短。

2. 上坡的時候，縮短步幅。

3. 用腳輕輕地觸地。

4. 保持身體姿勢垂直於水平線（直立，不要前傾或後仰）。

5. 當上坡和翻越坡頂的時候，加快步頻。

6. 調整步伐令腿部肌肉不要緊繃——你希望腿部肌肉盡可能保持韌性。

7. 越過坡頂的時候放鬆，在下坡的時候可稍微減速。

斜坡訓練小腿力量、改善跑步姿勢

斜坡會令雙腿在向上走的時候更用力。順着斜坡向上產生的額外工作以及更為快速的步頻，提高了腿部力量。在斜坡訓練間隙輕鬆的健步時，在斜坡訓練之後第二天的放鬆時，你的小腿肌肉就變得更強壯。幾個月以後，提升的腿部力量可以使雙腳支持身體行走得更遠。腳踝和腳踵肌腱移動距離延長後可以帶來提高向前腳步的“紅利”，而且毫不費力。不用更費力就可以跑得更快——多麼划算的計劃！

斜坡賽跑，速度更快

一旦訓練自己以有效率的斜坡姿勢跑步，你就能利用斜坡鍛煉中獲得愈來愈快的步頻而跑得更快，為比賽做好了準備。比賽的時候不會跑得和訓練一樣快，但是通過斜坡訓練後，在同樣帶有上坡的跑道中，你就能比過去跑得快。

斜坡賽跑的技巧和鍛煉是一樣的：在上坡的時候縮短步伐間距。監視呼吸速率：不要讓自己比在平地跑步時還要氣喘吁吁。當跑步者在比賽中提高了斜坡技巧後，他們會發現短而快的步伐在加速的時候更省力，呼吸也不會因此而加快。

注意：在長距跑和輕鬆跑的日子裏，慢跑上坡；不要在上坡的時候跑得較快。如果上坡時呼吸開始急促，減少力氣並縮短步伐，直到呼吸恢復到和平地跑步一樣。

下坡姿勢

- 步伐輕盈
- 保持步幅一致——不要步幅過大
- 保持腳部可以低到地面
- 利用重力拉你下坡
- 步頻會加速
- 儘量快速地保持慣性下坡

最嚴重的錯誤：步幅過大，彈跳過度

當年長的跑步者把步伐增加了 1–2 英吋的時候，他們就需要大量的時間恢復體力。下坡的速度可能無法控制。如果彈跳距離地面超過 1 到 2 英尺，你就有可能撞傷自己的腳，不得不用股四頭肌減速（產生疼痛），同時因為步伐過大而導致了腿筋疼痛。步伐過大的最好指標就是斜坡鍛煉後的腿筋（大腿後面的大塊肌肉）緊繃。

規律

每隔一天（比如週二和週四），以兩組 30 分鐘的跑步來保持現有的耐力。

週二和週四的半小時跑步可以保持住週末獲得的耐力。這是最低的要求，同時受傷機率也最小。如果你已經在毫無傷痛的情況下跑得比這些還多，可以按照個人意願繼續。

成熟和更快的步伐

跑得更快需要更多的勞動，受傷風險也更高

大多數熟練的跑步者幾乎不怎麼進行快速跑。速度訓練會提高受傷的機率是常識。即使只有一小段路程超過了你的速度極限，也許會導致更久的時間恢復體力以及揮之不去的疼痛，這在長距跑和慢跑中未曾體驗過。若你決定針對一個時間目標進行訓練，按照現在的表現水準設定一系列的鍛煉計劃，僅在每次鍛煉的時候稍微提高要求。而且關鍵的是，在快速跑結束之後減弱強度就能讓自己的性能系統重新恢復起來。逐步和漸進的提升效果更佳，因為這樣更有可能令你保持一個持續而長期的改善。

讓身體通過"跑步練習"加速

年長的跑步者按照"步驟"章節中詳細描述的兩種練習方式——配速跑訓練和加減速跑訓練從而進一步降低快速跑的受傷風險。這些步驟可以作為快速跑之前的熱身活動，或者當身體肌肉覺得沒準備好完成完整的速度跑鍛煉時可以插入練習。

警告：不要令肌肉訓練過度或速度過快—保持在個人能承受的活動和體能範圍內。

配速跑訓練可以增加每分鐘的步數。加減速跑訓練以非常溫和的方式導入小段的快速跑，令訓練者慢慢地適應。調整期間的大多數跑步的速度都非常輕鬆。這些練習可以放在一小段跑步的中間完成，每週一次或兩次，會提高身體的機能，令肌肉為要求更高的速度訓練做好準備、啟動肌肉內部的生理變化，同時幾乎沒有受傷的風險。我聽過熟練的跑步者在只做這些練習而非速度訓練的時候，跑步時間有很大的進步。

溫和提速

每週的速度鍛煉可以從一些重複性的快速跑步開始，每次鍛煉之間均有休息。隨着鍛煉中重複的次數增多，速度就會愈來愈快。每次鍛煉中，當你達到上一次鍛煉的最大工作量時，肌肉纖維感到疲憊的同時又像受到了鼓舞的奴隸一樣會令你按照指定的速度繼續跑下去。有些肌肉纖維在每節中已經超越了本身的負荷。常常在鍛煉的過程中，我們感覺不到疼痛和疲勞。但在一兩天之內，肌肉和肌腱就出現疼痛，渾身上下都會感到很疲憊。即使在快速環節的一兩天後走路都覺得不舒服的話就說明跑得太多了——這個明顯的訊號說明你跑得太快或沒有在期間有足夠的休息。

傷害

在艱苦的鍛煉結束時，觀察細胞的內部結構，你會看到的傷害：

* 肌細胞膜撕裂
* 線粒體（處理細胞內部能量）被吞噬
* 肌肉儲存的糖原（速度訓練時所需的能量）大量減少

- 發現因勞累產生的骨骼和肌肉組織廢物以及其他生物垃圾
- 有時會出現血管和動脈輕度撕裂，血液滲透到肌肉

傷害刺激、重建肌肉和肌腱等，使其更強壯

當人體超越了目前的限制，身體性能就會更佳。一點點增加比大幅度的提升要好，因為身體相對能復原得更快。

年長的跑步者要保證足夠的休息

快速環節結束兩天後，如果肌肉得到了充分的休息，你就會看到一些進步：

- 廢物已被清除
- 變厚的肌細胞膜可以在不需要分段的情況下承受更多的運動量
- 線粒體的體積和數量有所增加，所以下次可以處理更多的能量
- 血液系統受到的傷害已經得到修復
- 幾個月之後，逐漸適應了一系列的小幅度提升後，產生愈來愈多的毛細血管（血液系統裏的小手指）。它能改善和延伸氧氣及營養物質的輸送，廢物排出更佳。

在任何年紀……

只有當我們運動的時候，人體才會產生不可思議的演變：生物動力系統、神經系統、力量、肌肉效率等等。身體發生了變化後，心理也得到了改善。思

想、身體和精神組成一個團隊，改善健康和身體性能。額外的好處就是積極的態度。

高質量的休息是關鍵：每次鍛煉間隔 48 小時

當大多數 45 歲以上的年長跑步者隔兩天跑步一次的時候，效果往往更好。避免在休息日運動（爬梯機、踏步有氧操等）也很重要，從而避免小腿肌肉、腳踝和腳踵肌腱在跑步鍛煉間隙的 48 小時過度勞累。年長的跑步者必須對個人 "弱點上" 的疼痛特別敏感。健步通常是休息日的極佳運動。本書的 "交叉訓練" 章節還提到其他幾種不錯的訓練方法。在非跑步日進行水中跑步已幫助許多跑步者獲得很大進步。只要你沒有持續令小腿肌肉感到壓力，大多數替換練習都不錯。避免任何令小腿肌肉保持疲勞或引發 "弱點上" 疼痛的活動。

留意垃圾里數

年長的跑步者常常妥協跑步目標和骨骼健康，"暗中" 在非跑步日進行幾英里的輕鬆式跑步。任何年齡每過 10 年，跑步日間隔的 48 小時恢復期就變得更加重要。這些較短的跑步稱為 "垃圾里數"，因為它們無法改善狀況，反而更影響了肌肉的恢復。

規律性

為了保持演變，你必須每兩天進行規律的跑步。為了確保本書所提的速度提升，你應該按照我的另一本書或網站上（www.jeffgalloway.com）所列出的快速鍛煉來練習。偶爾推遲一次鍛煉是可以的，但如果在一組訓練中錯過了兩次鍛煉，將會稍微降低你現在的成績表現。等待的時間越久，年長跑步者在重新開始的時候必須更加小心。

"肌肉記憶"

當你進行規律的運動且超出一部分時間時，神經系統就會記得肌肉的使用模式。跑步 10 年以上的熟練跑步者只要在短暫的"調整"日作一點跑步練習，就能把狀態維持很久。

貼士：沒有時間？就跑 10 分鐘吧。

如果你在輕鬆日沒有 30 分鐘的跑步時間，那麼在這些日子跑 10 分鐘也好過 3 天或 3 天以上不跑步。如果你正處於速度訓練的時間段，在 10-15 分鐘跑步的時候做一些加速練習就能保持大部分的演變。

長距跑中的有氧訓練

"有氧運動"的意思是"氧氣出現的情況下"。這是一種當你在跑步時感到"慢"和舒服的方式。當你進行有氧跑步的時候，肌肉能從血液獲得足夠的氧氣處理細胞裏的能量（大多數是燃脂）。有氧運動產生的廢物最少也最易被清除，不會在體內停留太久。年長跑步者應該至少把 90% 的時間段劃分為"有氧區"。

速度訓練令你達到有氧區：產生氧氣負債

缺氧跑步是你在那天跑得過快或過久。鍛煉中的這一點就是當你到達身體極限時，肌肉無法獲得足夠的氧氣來燃燒效率最高的燃料——脂肪。所以，它們就轉變為貯存糖分的有限供應——糖原。燃料產生的廢物快速堆積在細胞中，導致肌肉拉緊、呼吸困難。

這樣的現象稱之為氧氣負債。如果你一直是以這種氧氣負債的狀態跑了很久的話，你就不得不大幅度減低速度或者停止。但是如果你要追求現實的時間目標，以正確的步伐進行跑步，只能在每次鍛煉或比賽末尾的時候進行一小段缺氧跑步。年長的跑步者需要限制缺氧跑步的時間，因為缺氧跑步的時間越多，需要恢復的時間就越久。

缺氧運動臨界

當你增加了快速重複的次數時，當下缺氧運動的臨界點就往後拖延了。這也就意味着你能比以前跑得更遠——每週以同樣的速度跑步，卻沒有特別地氣喘吁吁。肌肉令你移動得更遠、更快而不會疲憊。每次快速鍛煉能讓你更加遠離缺氧運動的時間區域。不論任何年紀，想跑得更快就要學習如何處理氧氣負債。速度訓練教導我們的身體在進入缺氧運動前跑得更遠：如何處理這其中產生的不適以及如何在肌肉拉緊和疲憊的時候繼續保持下去。它也能告訴我們，當進入缺氧狀態時，不一定非得放棄。如果你想跑得更快，學會在缺氧狀態下保持跑步非常關鍵。

在快速重複間隔多休息

我發現年長的跑步者和年輕的跑步者一樣能從快速鍛煉中得到益處——即使在快速重複的間隔中休息得更久。

講話測試你的有氧程度

- 有氧狀態——呼吸平緩，你想說多久就說多久
- 大多數在有氧狀態——講話 30 秒鐘 + 氣喘吁吁必須不多於 10 秒鐘
- 接近缺氧臨界狀態——只能講不多於 10 秒鐘，然後氣喘吁吁超過 10 秒鐘

- 缺氧狀態——講不了幾個字，大部分時間都是氣喘吁吁的

快肌纖維和慢肌纖維

我們的肌肉纖維天生由兩種類型組成。快肌纖維比例高，短距離能跑得很快，但會非常累。快肌纖維是用來燃燒儲存在肌肉裏的糖分的——糖原。這種燃料用於頭 15 分鐘的練習（也用於速度訓練）後會產生大量廢物，比如乳酸。如果我們在跑步的開始跑得過快，肌肉很快會變得非常緊張和疲勞。你會開始氣喘吁吁並且愈來愈難受。這種燃料對於長距離的跑步來說供應有限。

如果快肌纖維比例比較高，你不能跑得像一開始那麼快，但是對於較長距離的跑步更容易保持下去。慢肌纖維如燃燒脂肪，脂肪是一種很有效率的燃料，產生的廢物極少。長距跑不僅不會令慢肌纖維在最高水準上工作，就像它們有效地燃燒脂肪一樣，而且在延長長距跑的距離時，你會訓練一部分快肌纖維具備慢肌纖維的功能把脂肪當成燃料進行燃燒。

一旦一項比賽或一次鍛煉的起始速度（以及自我）得到控制，跑得快的跑步者就能同時啟動快肌纖維和慢肌纖維進行跑步，而且在比賽結束的時候不會感到筋疲力盡。因為慢速和健步間隔可以令你保持在有氧運動（燃脂）區域。在降低了跑步水準後，可以燃燒脂肪並推後了耐力限度。

你是否過於努力地追求時間目標？

　　樹立時間目標的年長跑步者，在每次跑步的時候都特別專注於跑得更快一點，這往往會導致受傷。其中一個最先出現的跡象就是與跑步相關的壓力愈來愈大，常常也會帶來激勵受挫的問題。當症狀的第一個跡象出現時，減少跑步里程並且令身心重新組織到一起後：

* 跑步就不再那麼令人享受了
* 你也不再期待跑步
* 當你和別人談起跑步時，陳述經常是負面的
* 負面情緒可能會滲透到生活的其他方面
* 你把跑步當成了工作而不是娛樂

速度訓練的個人成長

* 如果在速度環節中避免過度訓練，你會愈來愈期待速度訓練。
* 不要只盯着你在比賽中的時間，接受延長速度訓練專案旅程的生活歷練。
* 大多數的跑步應該是有樂趣的，會幫助你迎接挑戰。
* 即使某次的鍛煉很艱苦，把注意力集中在鍛煉後的愉悅心情上。
* 不論年紀大小，滿足感來自於自我賦予力量，克服逆境。
* 試着在每節鍛煉中找到一些樂趣。

　　速度訓練專案的現實就是你會經歷挫折和勝利。在挫折中，你會收穫良多，從而成為一個更加堅強的跑步者——一個更加堅強的人。一開始面對挑戰也許困難重重，但是你會在進步的過程中收穫瑰寶。總而言之，牢記如果你在快速跑步中受傷，你將失去每次跑步所帶來的愉悅。所以，務必小心謹慎，一旦出現受傷的跡象，停止鍛煉。

令跑步更輕快的步驟

所有的跑步者都能從以下步驟中受益。即使你從來沒想過跑得更快，這些步驟也會助你跑得更有效率。對於想提高速度的跑步者，可以把這些步驟當作雙腿沒準備好迎接挑戰時的替換練習。

接下來的步驟能幫助無數的跑步者跑得更輕快。每個人都能從中發掘自己的能力，降低壓力，利用慣性和加快的節奏或腿腳的轉移令跑步更順暢。你能自學每個步驟，令自己在路上的動作更直接、更輕快，避免在速度訓練中的壓力。

沒有疼痛

如果腿部肌肉或肌腱在練習這些步驟後的第二天感到疼痛，說明練習過度了。下次減少跨步的距離避免疼痛加劇。每次練習步驟時，應該輕柔地跑步，控制在生理機能的範圍內，不要突破自己的極限。

何時？

應該在非長距跑的日子練習這些步驟。然而，放在比賽或速度鍛煉前當成熱身運動也是可以的。很多跑步者告訴我這些練習是打破一般跑步的好方法，否則會被稱為 "沉悶的"。

配速訓練

這項輕柔的訓練可以幫助你跑得更順利、更輕鬆。如果能夠規律地練習配速步驟，你就能同時把跑步中的所有利好元素集中起來。一星期一次配速訓練會幫助你的步履更輕盈，同時增加每分鐘的步數。它能令你以較少的力氣跑得更快。

1. 健步 5 分鐘熱身，然後輕柔地跑步和健步 10 分鐘。
2. 開始慢跑 1 - 2 分鐘，然後自己計時 30 秒，在這半分鐘內，計算左腳點地的次數。
3. 慢慢地健步或慢跑約一分鐘。
4. 在第二次配速訓練練習裏，你的任務是增加 1 - 2 次點地次數。
5. 重複整個過程 3 - 7 次以上，每次儘量增加 1 - 2 次點地次數。

在改善步頻的過程中，身體內部監測系統逐漸適應了一系列的演變，令腳、推、神經系統和計時作用機理組合成一個有效的團隊：

- 雙腳點地更輕快
- 減少或消除了腿和腳的低效率運動
- 向上推的力量較少，所以可以向前運動
- 身體保持距離地面更近
- 腳踝更有效率
- 疼痛區域不會過度使用

小貼士：

開始每一個步驟時，將過去一筆勾銷。不論第一次點地次數是多少，保持連續性地增加 1 - 2 次的點地次數。

加減速跑步驟

這項步驟是速度練習的輕柔版，即法特萊克訓練法（Fartlek）。定期以這種方式訓練，發展速度範圍，肌肉從一次到下一次練習裏順利地移動。最大的好處是學習了如何利用慣性"滑翔"、滑下。

1. 在非長距跑日以及相對短距離的跑步中途可進行滑翔步驟，或將其作為速度小節和比賽的熱身運動。
2. 輕鬆跑步至少半英里以後的熱身。
3. 許多跑步者在簡單的熱身之後就進行配速訓練的練習，緊接着是加速滑翔（如果願意的話，可以將它們和步頻步驟分開來進行）。
4. 每次做 4-8 組。
5. 每週至少進行一次。
6. 禁止衝刺——不要竭盡全力地跑。

多年來，我在一日跑步課程和週末健身中教授了滑翔步驟，觀察到大多數人通過練習更好地理解了步驟的概念（而不是步驟的細節）。我希望你能加入其中的任何一屆。同時，走到戶外進行嘗試，牢記不要令自己出現任何的疼痛。

滑動。這是最重要的概念，就像下坡跑裏順着慣性滑動一樣。如果你想的話，可以在跑下坡的時候作加減速跑練習，但是在平地上完成至少兩組加減速練習也很重要。

每週必做。因為在步頻的演練裏，演練的規律性非常重要。如果你和大多數的跑步者一樣，一開始你不會滑翔得很遠。規律性的練習可以幫助你理解如何滑翔得愈來愈遠。

別為小事煩惱。我已經總結了一套演練練習步數整體指引，但別太執着於精確的步數。

順利過渡。儘量每一步都能做到順利過渡。每次 "調整速度" 的時候，利用現有的習慣啟動下一個模式。不要突然改變，而是在模式之間進行溫和的轉換。

完成過程

1. 首先以非常慢的慢跑速度跑 15 步。
2. 然後加速慢跑 15 步，逐漸增加到你的常規跑步速度。
3. 現在，在接下來的 15 步裏，逐漸增加到你目前的比賽速度。
4. 接着，是滑翔或者滑下的時候了……利用你可以利用的慣性，使自己逐漸把速度降到慢跑的程度。首先，滑動 4-5 步。日積月累你可以逐漸增加到 20 步、30 步甚至更多……你就在滑翔了！

整體目的

每週從事該步驟的練習，你的跑步姿勢將在各個模式裏更平順。祝賀你！你學習到了如何以省力的方式保持比較快的速度。這就是本步驟的主要目標。

有幾週你滑翔的時間會更久——別為此而擔心。只要堅持規律地進行這個步驟的練習，基本上你就能在最小的滑坡滑翔或者滑下，甚至在平地上都可以達到 10-20 碼的距離。滑翔能夠保持體力，減少痛感和疲勞，有助你在比賽裏保持一個更快的速度。

用於計劃、評估和激勵的個人日誌

這是你的書

是的，你在寫一本書，也許還包括跑步意外的事情。不管你是否想進步，日誌都能幫你提前組織好及搜集你的跑步細節——那是屬於你的日子，包括你跑步那天的日子。之後，你還可以審查各個成功的或沮喪的事項，往往還能發現箇中原因。如果我們沒有觀察到消極紀錄的背後原因，就有可能重複性地犯錯。

電腦日誌、訓練日誌、筆記本

愈來愈多的軟體產品可以更快地把資訊進行分類。和一家公司（個人電腦教授）合作嵌入我的訓練專案時，我發現這種方式能更快地找到所需資訊。當設定自己的代碼和章節後，你可以挑選對你來說重要的數據，分類後觀察趨勢，再提前規劃。有些軟體（包括我的軟體）可以直接從心跳檢測儀或 GPS 手錶下載數據。

　　大多數的跑步者使用了筆記本產品。我的《蓋洛威訓練日誌》（*Galloway's Training Journal*）提供了 52 週的位置，可以填寫我認為特別重要的關鍵數據和專案。簡單的日誌本可以用學校的筆記本或日曆製成。但最好的產品其實就是最常用的東西。

計劃過程

1.　檢查你從《蓋洛威的跑步書——測試自己、馬拉松和全年計劃》的第二版或《半程馬拉松》裏選擇的日程表。

2.　在日誌相應的星期裏，記錄關鍵比賽和主要鍛煉活動。用熒光筆等……把這些星期標注出來。

3.　用鉛筆記錄未來 8 週內每週、每天分配的鍛煉。

4.　掃一眼未來的 8 週，確保沒有任何旅行、會議或是家庭責任活動等令你不得不調整鍛煉。

5.　每週用鉛筆增加下一週的鍛煉量，標注旅行日程表的變化。

6.　每週仔細觀望未來兩週的計劃，確保鍛煉符合真實的生活日程表。

數據記錄

1.　儘可能在每次跑完步後，在你的日誌裏記錄這些結果：

- 里數
- 速度
- 重複（次數）
- 休息間隔
- 疼或痛
- 問題

此外，你也許會記錄：

跑步時間：
跑步歷時：
天氣：
溫度：
降雨量：
適度：
跑−走的頻率：
跑步中的特殊情況（速度、斜坡、賽跑等）：
跑步同伴：
地形：
感覺如何（打分 1−10）：
評論：

2. 重溫列表，填寫更多的細節，比如情緒反應、能量變化或血糖水準，疼痛的具體部位——即使在跑步過程中痛感消失。你要找到一些專案，可以暗示受傷、血糖有問題或者揮之不去的疲勞等。

早晨的脈搏能幫助你監測是否訓練過度

醒來後立刻記錄早晨的脈搏

1. 一旦你有了意識，但還沒進入思考的狀態，數出一分鐘的新記綠。在忘記之前記錄下來。如果牀邊沒有日誌，就用手邊的筆和紙來記錄。

2. 脈搏的上下波動是自然的，基於你醒來的時間以及醒了多久等。但幾個星期和幾個月以後，這些都會自己平衡的。理想的狀況是在鬧鐘鬧鈴和思考工作壓力等之前，達到你醒來那一刻的脈搏。

3. 積累了大約 2 週的讀數後，你就能為早晨的脈搏設定一個基線。去掉排名最高的兩個讀數，然後平均計算剩下的讀數。

4. 平均數就成了你的指導。如果心率高於平均數 5%，就把那天設定為輕鬆跑的日子。如果心率高於 10%，沒有理由是這種情況（除非是從一場令人興奮的夢中醒來、服藥或者感染等），那麼你的肌肉也許事實上累了。如果那天本來要按日程表進行跑加走的運動，就取消那天的運動。

5. 如果你的脈搏居高不下超過一週，致電你的醫生看看是否有甚麼別的原因（服藥、荷爾蒙和新陳代謝的變化等）。

正確跑步姿勢的原則

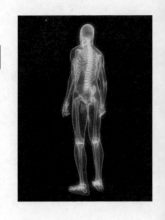

我個人在跑步培訓學校以及週末健身活動中分析了數以千計的跑步者，發現他們大多數人已經非常接近跑步的理想效率了。整體上，試着更輕鬆、更平順地跑步。錯誤從來都不是大問題。但是，一系列的小錯誤會導致更久的跑步時間和疼痛，有時還會受傷。通過一些細微的調整，大多數的跑步者感覺更好了、跑得也更快了。

當年長的跑步者在步伐長度和額外彈跳等犯了小錯誤時，恢復期的時間就大大延長了。在我詳細講述這些常見問題之前，先看看半英里以上長距離跑步姿勢的原則。

慣性是我們的朋友

遠距離跑步者的主要任務是保持慣性。跑步時只需要很少的力量——即使在進行 800 米短跑比賽的跑步。在第一個 100 米裏，讓身體為跑步開始運動、產生韻律。然後，最佳的策略就是保持慣性的同時保存體力。減少疲勞和疼痛，你的右腦在肌肉記憶的幫助下，直覺性地把你的機制和活動調整到最省力的模式。

　　人類有許多生物機制的演變為其所用，經歷過去一百多萬年的跑和走，這些演變愈來愈有效率。解析人體的跑步效率，源於腳踝和腳後跟的肌腱——我把它們專門列為一個單元。人體的部位並不平均，然而卻能組成一個極其複雜的系統，集合了提升、彈跳、平衡等各個功能。生物機制專家認為這種發展程度並不是走路所需的。當我們遠古的祖先們不得不以奔跑求生存時，腳踝、腳後跟，逐漸適應了長途跋涉的雙腳，演化成了生物工程的作品。

　　通過幾週的常規跑步和步驟訓練，你就能最大化的使用腳後跟和腳踝，從而只有很少量的肌肉工作達到更快、更有效率的前行運動。在開始的時候，你的雙腿也許會有一點疼。但是當你達到更好的狀態時，耐力也提升了，你就會發現只要增加或不增加一點點力氣就能跑得更遠、更快。其他肌肉組織提供了支持，有助於調整整個過程。當你感覺到疼痛的時候，也許是因為你跑步的方式，恢復到基本不用腳踝和腳後跟能常常讓你感到平順、有效率，而且跑得很快。這樣也許會減弱疼痛或消除疼痛的源頭。

年長的跑步者通常受益於

- 離地面較低的拖行
- 步伐間距短小減少了肌腱和肌肉急劇惡化
- 腳部觸地輕盈
- 努力使腿和腳的步頻更快（在最後一章通過配速訓練練習）

年長的跑步者應該避免

- 延長步伐間距
- 從地面彈起
- 腳部過多重擊

低效率姿勢的三種壞結果

1. 費力的運動導致嚴重疲勞，需要很久才能恢復
2. 肌肉或肌腱超越了使用極限，導致斷裂或受傷
   ——或只是受傷。
3. 經歷令人消極，跑步慾望減低，導致中斷。

搖晃：始於一般的疲勞，對你身體的機能底線產生壓力，比如在鍛煉或比賽結束的時候，肌肉已經超越了它的極限，然而你又想保持現有的速度，身體就會使用其他的肌肉和肌腱令你繼續跑下去。你開始"搖晃"是因為這些替換型的肌肉和肌腱本身不是用來完成這項工作的。"搖晃"得愈久，你就愈有可能受傷。

累時闊步：幾種本能都會傷害到我們自己。比如很多跑步者會在疲勞的時候，下意識的邁開大步來保持速度。這樣也許能奏效一小會兒，用股四頭肌、腿筋和其他組成部分交叉施壓。當你在跑到末尾的時候感到搖晃在一點點加劇的時候，縮小步伐回到平穩的移動往往效果更佳。只要你在平穩跑步的時候沒有感到任何疼痛，經歷疲勞也是可以接受的。但是如果這意味着要延長步伐間距或者搖晃（令底線更加受壓），就不妥了。

無膝蓋提升：避免以提升膝蓋的傾向來保持速度，會導致股四頭肌、髖關節和腹股溝疼痛。

敏感並避免刺激：我不建議每個人都達到完美的姿勢。嘗試留意你的姿勢問題，做出改變防止產生疼痛。這會令你跑得更平順，減少疲勞感，假以時日，會助你跑得更快。

放鬆肌肉——特別在跑步結束的時候

整體來説，跑步動作感覺平順的話，頸部、背部、肩膀和腿部就不應該緊張。即使在艱苦鍛煉或賽跑的最後半英里中，為了保持良好姿勢的三大主要因素，你都應該保持放鬆：直立的姿態，腳部距離地面低，步伐輕鬆。不該試圖以緊張和疼痛來完成。調整你的姿勢減少疼痛和恢復時間。

三大要素：姿態、步伐和彈跳

為幾千位個人跑步者諮詢的時候，我發現跑步者的問題往往存在於這三方面。通常問題就像簽名一樣——因為獨特的移動形式，取決於你過度使用的那個區域。通過小幅度的改變跑步姿勢，你就能減少或消除問題的來源，同時也是疼痛的來源。

I.　姿態

良好的跑步姿態實際上就是良好的身體姿態。頭部自然得保持平衡，位於肩膀之上，和髖關節平行。因為腳部來自於身體下方，所以所有這些因素都和平衡有關，同時需要一點能量支撐身體、保持運動。保持良好的姿勢，你就不必如此辛苦地把任性的身體從搖晃和低效率的移動中拉回來了。

前傾——最常見的錯誤

姿態的錯誤大多數是由前傾導致的，尤其當我們疲勞的時候。頭想儘快衝到終點線，但是腿卻不能跑得更快了。快速環節末尾常見的傾向就是頭部帶動傾斜。在比賽中，這麼做會導致你快到終點線的時候多倒了幾次。一個前傾的姿勢常常會在

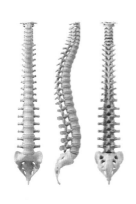

後背下方或頸部集中疲勞、疼痛和緊張。生物機制專家注意到一次前傾會減少步伐的長度，令跑步的速度下降或力量加大。

　　一切從頭開始。當頸部肌肉得到放鬆時，頭部自然能夠找到一個和肩膀平衡的位置。如果頸部感覺到緊張或後來感到疼痛，往往是因為頭部前傾得太厲害了。這會引發上半身的不平衡：頭部和胸部對比髖關節和腳部略有提前。有時候頭疼是由姿勢的問題導致的。可以向跑步同伴詢問並判斷自己的頭部是不是過於前傾或向下傾斜。往往在跑步很疲勞且快要結束的時候，就會出現這樣的問題。理想的位置則是保持頭部基本直立，雙眼注視前方大約 30－40 碼遠的路。

小貼士：

　　我的書裏提到兩種力量練習可以維持正確的姿態："手臂活動"和"捲腹"。

髖關節

髖關節是跑步姿勢的主要組成部分，很容易錯位。髖關節錯位的跑步者，從側面觀察時，臀部位於身體的下方。當骨盆區域移回的時候，雙腿就無法達到理想的移動範圍，闊步的長度也縮短了。就算花費很大的力氣，速度也更加慢了。許多跑步者在髖關節回位的時候都有撞擊腳後跟的傾向——但這不是最常見的。

少見的後傾

儘管很少見到跑步者後傾，但也時有發生。我的個人經驗是它常常是因為脊椎或髖關節的結構性問題而導致的。如果你會後傾，同時頸部、後背或髖關節感到疼痛，就應該找一位背部骨科醫生看一看。其中一個症狀是鞋的後腳跟處過度磨損，但也有其他原因說明為甚麼你會出現這樣的磨損。

糾正姿勢："連線木偶"

我發現糾正姿勢問題的最好方法就是精神形象練習：想像自己是一個連着線的木偶。換句話説，你就像一個上述描述的木偶一樣懸浮着——不管頭還是肩膀的兩側。以這樣的方式，你的頭部就能和肩膀對齊，髖關節直接從下面來，下面的腳也能自然而然地輕輕觸地。在跑步中做幾次 "木偶" 是不會傷害到任何人的。

它有助於你用深呼吸把形象練習在一起。大約每隔 4、5 分鐘，當你從健步間隔後開始跑步的時候，深深的從肺部以下呼吸、拉直身體，然後説："我是一個木偶。" 然後想像你不用花任何力氣保持直立的姿勢，因為有繩子從頭頂上能拉着你保持原樣。當你持續這麼做的時候，你就強化了正確的姿勢。這樣的行為能夠形成一個好習慣。

直立姿勢不但可以令你保持放鬆，而且還能改善步幅。當身體前傾的時候，你會縮短闊步保持平衡。當身體直立的時候，步幅則自然增加大約一英吋而不會消耗精力。
注意：不要試圖延長步幅。當步幅自然增加的時候，你是感覺不到的——你只會跑得更快。

氧氣的好處——不再單側疼痛

當身體直立的時候，可以改善呼吸。傾斜的身體無法合理利用較低的肺部，而且會導致單側疼痛。當你直立地跑步時，較低的肺部能夠獲得足夠的空氣，使得氧氣吸收最大化、減少了單側疼痛的機會。

II. 低到地面的腳

最有效的闊步則是用腳貼着地面拖着走。只要把腳在抬起來的時候，成功避開絆腳石或不平的人行道，保持低到地面。即使在跑得很快的時候，大多數的跑步者都不需要 1 英吋以上的間隙。當你增加速度和腳踝活動的時候，脫離地面的高度會超過 1 英吋一點。再説一次，不要試圖延長步幅，讓它自然地發生吧。

腳踝和腳踵肌腱連在一起像彈簧一樣，令你每跑一步都在前進。如果你能保持低到地面，只需要非常少的力氣。使用這樣的"拖步"技巧，跑步基本上就變得很自動了。當跑步者錯誤地彈起時，他們會試圖特別重地落地。這通常會導致花費額外的力量把身體從地面提起來。原本用來跑得更快的精力就這樣浪費在空氣中了。

其他令彈起更高的負作用力是重力。升起的高度越高，落下的時候越重。每次離開地面的額外彈起都會對腳和腿施加很多衝擊力。在速度小節、比賽和長距跑中，過多的彈起會產生各種傷痛。

糾正過多的彈起：觸地輕盈

理想的腳部"觸地"應該是輕盈的，你往往都感覺不到自己的彈起和落地。這就意味着雙腳保持低到地面，並且有效率的、自然的移動着。不是試圖克服重力，而是和重力同步。如果跑步時腳部輕拍地面，那麼你肯定會以更輕地觸地來改善的。

下面是"輕盈觸地步驟"

在跑步中段，為自己計時 20 秒。主要動作：觸地輕盈到自己都聽不到腳步聲。此步驟練習不允許使用耳塞。想像自己在很薄的冰面上跑步，或穿過炙熱的煤堆。完成幾組 20 秒鐘觸地練習，腳步愈來愈輕。做這項練習的時候，你的腳幾乎感受不到衝擊力。在累的時候做這項練習，特別有益。

III. 步幅

研究顯示跑得越快，步幅縮短。這明確地顯示了跑步更快和更有效率的關鍵是加快腳和腿的節奏（步頻更快）。各種疼痛和受傷的一個主要原因就是步幅過長。不確定的時候，最好縮短一側的步幅。

年長的跑步者會自然經歷跑步肌肉的拉緊。這往往不是問題，只是一個實際情況。當身體適應了跑步移動後，身體會自動編排，從而令跑步更有效率。不要試圖 "伸展" 跑步後疲憊的肌肉。跑步後的伸展運動會產生很多傷。

不要提升膝蓋！

即使是世界級的長距跑運動員，大多數都不會抬高膝蓋。當膝蓋提升得過高時，會過度使用股四頭肌（大腿前部），導致闊步過長、效率低下。這經常會令股四頭肌在接下來的一兩天產生疼痛。

不要向前踢得太遠！

若觀察一下腿部的自然移動：當腳在跑步中輕柔地向前移動時，腿也會輕輕的向前踢，然後來到下方接觸地面。如果整個移動過程很自然，大腿和小腿的肌肉就不會緊繃。

小腿肌肉前部、膝蓋後方或肌腱（大腿後方）的疼痛或緊繃說明你向前踢得太遠，伸展得太遠。糾正它的姿勢是保持低到地面，縮短步幅以及輕觸地面。

堅韌不拔的精神

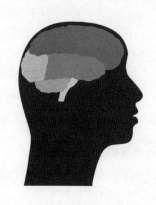

左腦vs右腦

大腦有兩個分離的半球，從不相連。具有邏輯思維的左腦掌管了我們的商務活動，總是令我們轉向快樂、遠離不適。充滿創意和直覺的右腦則是解決無限問題的來源，令我們和隱藏的力量聯繫在一起。

壓力積累的時候，左腦會傳達一系列的資訊："慢下來"、"停"，"今天運氣不好"；甚至還有一些哲學性的資訊，像"為甚麼你會這麼做？"即使在左腦告訴我們這些資訊的時候，我們依舊有能力保持在軌道上，令自己的表現更上一層樓。

接受指令而非動機的第一步就是忽略左腦，除非存在健康或安全（極少）的法定原因，或者你現在跑得比預計達到的速度快得多。這裏有三種成功的策略來應對左腦，讓右腦開發你的潛力解決問題。

保持堅忍不拔的三大策略：排練、神奇話語以及骯髒的伎倆

　　這些能讓右腦工作，提出現有問題的解決方案。精神上準備好迎接挑戰，你會賦予右腦力量來處理問題並挖掘到力量的內在源泉：堅忍不拔的精神。你正在安裝一個尋找方法完成工作的軟體程式。

I.　排練成功

　　排練發展的思維模式能規範面臨挑戰所需的行為。在艱難的情境中，你不想思考壓力或挑戰——你只想完成這項工作。你應該努力去解決問題而不是只去關注問題，也應採取必要的行為對付問題。"挑戰排練"會用一系列的行為將大腦格式化，使其稱為自發的行為引導你到達終點線。重複並調整這種模式，你將會在真實的生活裏做出改變。模式將變得愈來愈連貫，當你在現實生活中遇到挑戰的時候，會覺得很有自信使用同樣的方法。讓我們通過實踐來學習吧。

步驟 1
在艱難的一天之後出門

1. 陳述你想要的結果：在辛苦的一天後，從家開始跑步。
2. 細化挑戰：低血糖、疲勞，一堆消極資訊，需要家庭活動，急切的想讓自己感到放鬆。
3. 把挑戰按照一系列的行動分開，哪些能引導你跨越精神障礙，哪些沒有挑戰右腦。

　　一天結束的時候驅車回家，你知道那天是鍛煉日，但沒有力氣了。

　　你的左腦説："你太累了。休息一天吧。你沒有力氣跑步。"

　　所以你對左腦説："我不要運動。我會換上舒適的衣服和鞋，吃吃喝喝，準備好晚餐要用的食品，感覺輕輕鬆鬆。"

　　你在自己的房間裏，穿上舒適的衣服和鞋（恰好是用來跑步的）。

　　你在喝咖啡（茶、健怡可樂等），品嚐好吃的能量零食，準備好進爐子的食物。

邁出家門,查看天氣。

你走到所住街區的邊緣,看看鄰居們在做甚麼。

當你過馬路的時候,你就在路上了。

腦內啡出現了,你感覺很愉悅。你想繼續下去。

4. 一次又一次排練這個場景,不斷調整,直到完全融入到你的思想和行動——反映出你想攻克及挑戰的具體場景。

5. 最終精神上非常享受跑步之後的愉悅,達到想要的結果。感覺愉悅:態度積極、充滿活力、完全放鬆。你在剩下的那個夜晚享受着成就感。

步驟 2

在早晨出門

幾乎每個人都經歷過"這些早晨",當重力比平時大、鬧鐘不響的時候。

1. 陳述你想要的結果:在早晨從家出門健步和跑步。

2. 細化挑戰:想賴床,不想起那麼早,鬧鐘的壓力,必須要思考當大腦運轉不快的時候接下來做甚麼。

3. 把挑戰按一系列行動分開:哪些能引導你跨越精神障礙,哪些沒有挑戰右腦。

夜晚之前,在咖啡壺旁邊擺好跑步的衣服和鞋,這樣你就不得不考慮了。

設定鬧鐘,對自己一遍又一遍的講:"關閉鬧鐘,腳在地上,咖啡壺的旁邊",或者"鬧鐘、地板、咖啡"。當重複這些的時候,你就會不假思索的把每個動作視覺化。通過重複,你會安然入眠。你已把自己設定為第二天採取行動的程式了。

鬧鐘響了。你關上它,腳踩着地,頭對着咖啡壺—完全不用思考。

你每次穿上一件衣服,小啜一口咖啡,沒有考慮運動。

咖啡杯握在手裏,你走出家門看看天氣如何。

喝一口咖啡，你走到了街區的邊緣或物業的邊緣看看鄰居們在做些甚麼。

放下咖啡，穿過馬路，你已經完成了休息！

腦內啡出現了，你感覺良好。你想繼續。

4. 一次又一次排練這個場景，不斷調整，直到完全融入到你的思想和行動——反映出你想攻克的挑戰的具體場景。

5. 最終精神上非常享受跑步之後的愉悦，達到想要的結果。感覺愉悦：態度積極、充滿活力，完全放鬆。你在剩下的那天享受着成就感。

步驟 3
超過疲勞點——你想減速的地方

情境： 你正參與一次艱苦的鍛煉或比賽，而且真得很累。左腦在告訴你今天達不到自己的目標了。"就減速一點，未來的日子再努力。"

評估： 是否有真正的醫學原因導致你不能按照預期的計劃跑步？如果是，撤出並觀望——未來還有日子。如果是溫度和天氣的問題，調整。例如，在華氏 60 度以上每增加 5 度就減速。

做出承諾： 大多數情況下，當溫度低於華氏 60 度的時候，問題很簡單：你不願意完成。令精神堅韌起來的最有效方式則是在自己逐漸超越極限的時候繼續跑。在你逐漸增加重複的數量時，速度訓練專案就會自然而然的這麼做。當你延長跑步距離、增加速度小節等後，身體和精神就會一齊助你在面臨挑戰的時候堅持下去。

不放棄！堅韌的精神始於不放棄。忽略消極的資訊，集中注意力完成跑步。如果你獲得了足夠的訓練，堅持下去、不斷地跑。

在快速鍛煉中，練習以下步驟。調整這些步驟就會讓你在參加目標賽跑的時候，有策略地保持堅韌的精神。

場景：

你特別累，很想退出，或至少大幅度地減速。

快速策略：

- 把剩餘的鍛煉或比賽分成幾部分，這樣你就知道你可以：

- 多 1 分鐘：跑一分鐘，然後稍微減速（或健步)10 到 20 秒，然後說："再來一分鐘"，不斷重複。

- 多 10 步：跑約 10 步，輕鬆放緩腳部，然後說"再來 10 步"。

- 多 1 步：不斷重複地說──你會到達終點的。

拖步休息

- 每 1、2 分鐘就拖走幾步，緩解腿部肌肉和腳部的緊張。通過"拖步"練習，你會發現自己一點也不需要減速的同時，肌肉感覺更佳了。

一圈圈，一里里

- 鍛煉中，每開始一圈就對自己說："就多一圈吧。"（儘管你還有 4 圈）或："我只會跑半圈。"你就會完成整個跑步。你一直在和自己的左腦談判。

- 在場地賽時，說"再來一圈"，或"再來半圈"，或"就繞個彎"。公路賽裏，說"再來一英里"，或："再來一個街區"或"就繞個彎"。

- 當你接近終點的時候，真覺得自己沒法再跑了，不如對自己說，"我很強的，"或"我能堅持"，或"是的，我能"，或"再來一步"。

II. 神奇話語

即使是最有動力的人，他或她在一場艱苦的鍛煉或比賽中都有想退出的時候。通過使用成功的洗腦技巧，你就能衝破重重的消極思維，感覺像冠軍一樣到達終點。在這些天裏，你不僅達到了終點線，還克服了中間的種種挑戰。

　　回想你在艱苦的鍛煉或比賽中所遇到的問題，這些問題極其有可能再次為難你。當你完成一系列速度小節和長距跑的時候，你將遭遇每一個在比賽中將會遇到的問題。拼命回想並列舉例子：當你因為這些問題而開始失去動力，但最終完成比賽、克服了挑戰。

蓋洛威的神奇話語："放鬆……力量……滑行"

　　在非常艱苦的跑步中，有三個挑戰是不斷出現的：第一，我在非常累的時候很緊張，擔心在終點會掙扎得很痛苦。第二，我覺得失去了在比賽初始的彈跳和力量，擔心後來沒有力氣了。第三，我的跑步姿勢開始支離破碎，擔憂 "搖晃" 會進一步惡化肌肉和肌腱，令自己更加疲勞。

　　過去 30 年裏，我認識到真正的焦慮來自於對問題的擔憂而非問題本身。同時，也認識到神奇的話語能幫助我良好地分配時間，集中注意力解決任務、遠離擔憂，令我在賽場上可以跑完幾百碼。將每一個積極的因素視覺化後，也會有所幫助。真正的神奇來自於我完成與此有關的幾百個成功經驗，當我開始 "失去" 三個區域中的一個，卻克服了問題。每當我 "跑完" 一個或多個充滿挑戰的情境，就把經驗和這些神奇的話語聯繫在一起，令它更加神奇。

　　現在，當某些事不對頭的時候，我就會不斷重複那三個詞。不斷累積的焦慮沒有了，取而代之的是重複令我冷靜下來的詞語。儘管我在跑到 5 英里的時候並沒有感到自己像在 1 英里處那麼有力氣，但我知道自己從過去的經驗裏總結出了一套總能賦予我力量的戰略。而且，當雙腿不再有效率的前進和彈跳時，我會調整自己繼續前進。

當我說起與成功經驗有關的那些神奇話語時，它產生了兩種積極的效果。這些話能夠喚起大腦美好的回憶。一會兒，左腦中的消極資訊就沒有機會了，我常常能在消極資訊返回之前多跑上一到兩英里。但是，第二種積極的效果更加強大：這些話能把你和右腦直接聯繫在一起，從直覺上把你曾經解決問題的經驗和現在聯繫起來。

想在甚麼日子都成功的話，你只需要完成比賽。大多數時間，你只要不放棄把一隻腳放在另一隻的前面就能完成"糟糕的部分"。如果身體完成了所有必要的訓練，你需要克服左腦在一系列鍛煉和早期比賽中的消極資訊。這樣就會一次次地積累更多信心。隨意使用我的神奇話語吧，或者發展自己的一套話語。積累的詞語和經驗關聯度越大，它們產生的魔力就越大。

III. 骯髒伎倆

採排步驟的戰略會令你更專注、更系統，同時減少跑步初始的壓力。神奇話語會讓你沿着訓練和比賽，克服大多數挑戰。但是在特別艱難的時候，左腦耍耍小把戲就能有所幫助。

"骯髒伎倆"不一會兒就能快速解決左腦的三心二意，令人踏踏實實地在公路或賽道上多跑 300 碼以上。這些想像力和瘋狂畫面背後或許沒有任何邏輯。但是，當左腦中產生了一個創意的資訊後，你常常至少在一段時間內能迷惑左腦並終止消極的資訊流。

骯髒伎倆：巨大的隱形橡皮筋

當我在長距或辛苦的跑步中很累的時候，就會打開這一神秘武器，投向身邊超過我的人、或大膽超過我的那個人。在一段時間內，這個人並沒有意識到他或她已經在"打圈"且繼續挺進，然而我已經得到了被沿着跑的好處。當我在腦海中把自己投射到這樣一個畫面約一兩分鐘後，就不得不為了相信這樣一個荒唐的概念而大笑。尤其當你定期這麼做的時候，往往能產生更多有趣的想法。

右腦中存在無數的骯髒伎倆。一旦你啟動了它，就很有可能體會到解決當下問題的辦法。一旦啟動的時候有了第一個"骯髒伎倆"，右腦就會在剩下的路上不斷地給你各種樂趣。

想了解更多的骯髒伎倆和精神戰略，可以閱讀《蓋洛威的跑步書》（第二版）以及《馬拉松——你可以做到》。

小貼士：

南茜・克拉克（Nancy Clark）是我的運動營養顧問。她已經幫了我無數次，而且把建議背後的原因告訴了我。—— J.G

Chapter 3

運動營養學

年長跑步者的貼士：掌握運動營養學

　　100 年以前，人類的壽命是 42 歲。今天，我們大多數人的平均壽命延長了一倍。隨着年齡的增長，我們收穫的不只是皺紋和銀髮，還有智慧：對死亡的敬畏和保護健康的強烈願望。作為一個正在老去的跑步者，如果競技能力不強，你也希望保持精力充沛。也許你會猜想自己和年輕的運動員在運動營養上是否截然不同。迄今，研究顯示年長的運動員在營養需求上並無很大的區別，不如優化你的日常運動飲食，還有可能超越年輕的運動員。

　　你最應該關心的營養問題則是每天從營養豐富、有益健康的食品中攝取優質的熱量：

- 攝入性能最佳的
- 辛苦鍛煉後可以加強恢復的
- 降低心臟病、癌症、骨質疏鬆以及老化衰弱疾病的風險

　　以下的營養貼士能幫你建立一個適用於所有跑步者的勝利食物計劃，包括在馬拉松比賽裏稱之為生命的食物。不要像米奇・曼托（Mickey Mantle）那樣結

束生命，他曾經説過："如果我能知道自己會活這麼短，一定會更好地照顧我自己……"

如果你還沒有嘗試過，不如開始塑造自己的飲食吧！衰老的疾病其實是缺乏營養的疾病（以及不活動）。吃得好可以減少體重的增加幅度、降低高血壓、心臟病、結腸癌以及骨質疏鬆的風險。吃得好還能協助你的訓練專案。別讓營養成為你跑到 100 歲的計劃中缺失的一環。同運動營養師會面，優化你攝入的飲食。

碳水化合物

餐飯聚焦在有益健康的碳水化合物。多種麥粒背果（multi-grain bagels）、黑麥餅乾、糙米以及麥片是有益身體健康的穀類食物，既能燃燒肌肉脂肪還可以預防癌症、糖尿病和心臟病。碳水化合物含量豐富的水果有香蕉、橙汁、水果乾和水果優格／慕斯，這些也能燃燒脂肪、有益健康。

- 碳水化合物不會令人發胖；熱量過多會發胖（特別是熱量過多的脂肪）。享受優質的碳水化合物（穀物、水果和蔬菜）作為每頓飯的基礎。甚至是節食的跑步者都應該進食碳水化合物來燃燒肌肉的脂肪。
- 碳水化合物不會引發糖尿病（缺乏運動以及脂肪過多是二型糖尿病的兩大罪魁禍首）。甚至是經常健步和跑步的糖尿病患者，都應該每餐進食碳水化合物。

脂肪

你應該限制從有害健康且富含飽和脂肪的食物中攝取過多的熱量（曲奇、漢堡、黃油和湯汁），與此同時增加促進健康的堅果、橄欖油、柯羅納（canola）油和魚的攝入量。這些脂肪具有保護健康和抗炎的效果。一些衰老類型的疾病，比如心臟病和糖尿病被認為由發炎而引發的。

多吃植物和魚油也是減少發炎的智慧之選。（例如，每週進食花生醬五次以上的人，罹患心臟病和糖尿病的風險就降低了 20%。）

每餐享受一點健康的脂肪：

- 五穀酥上的杏仁條
- 堅果營養棒作為零食
- 三文魚作晚餐
- 沙律上灑一些橄欖油

脂肪不僅令人具有飽腹感，而且少量的脂肪也是耐力型跑步者的重要燃料。

液體

年紀越大，你體內的口渴機制就越不敏感。也就是說即使沒感到口渴，你體內也許已經需要補充液體了。另外，年長的身體含水量較低，腎功能的減弱對水合作用也能產生影響。幸好，良好的體型可以阻礙一些和年齡相關的液體新陳代謝變化。為了減少慢性缺水的風險，充分飲水可以確保你每三到四個小時都會排尿。如果你從早上 8 點到下午 3 點都持續不需要排尿，就開始多喝水吧！尿液看起來應該是淺色的，像檸檬水一樣；而非深色且濃的。不一定非得喝白開水來滿足對液體的需求。水果汁、優酪乳、沙律、湯，甚至是咖啡和冰茶都可以滿足你對液體的要求。

體重

即使是精英跑步者也會隨着年長而增加一點體重。大家都知道，非精英的跑步者增加的體重會可能很多！保持運動，另外攝入優質的熱量來投資健康──則是最佳體重管理的技巧。堅持你的訓練計劃，在剩下的時間也要保持活動。也就是説，能爬樓梯就不要搭電梯！

鈣

儘管你的骨骼已經停止生長，可它們仍然有生命力，需要對抗練習和日常鈣質來強化骨骼。這條建議男女均適用。每餐選擇鈣質豐富的食物（包括低脂牛奶或豆奶產品），你就能達到《飲食攝入建議》（DRI）的每天 1200 毫克鈣質。例如，跑步者可以輕鬆選擇營養豐富的飲食來滿足鈣的需求，比如──

- 早餐 8 益司牛奶（300 毫克鈣）和麥片
- 午餐 8 益司優酪乳（400 毫克鈣）
- 一杯拿鐵作為零食（無咖啡因）以及
- 晚餐低脂牛奶（300 毫克）

通過選擇鈣質豐富的食物來代替補充食品，你吸收的是一套保護健康的營養物質。鈣質補充物是用來豐富食品的選擇的，而不是替代所有的食品。如果骨骼附屬的肌肉變強，骨骼力量也會改善。確保加強練習，比如每週至少兩次舉重。

維他命

隨着人們年齡的增長，《日常攝入建議》增加維他命 D、B6 和 B12 的攝入。所有維他命都有保健的好處，特別是維他命 E、葉酸、

核黃素、維生素 B6 和礦物質鈣、錳、鋅。為了確保
攝入以上豐富的營養物質，進食優質食品之餘，還
可以服用維他命和礦物質藥丸補充飲食，為"健康保
險"。同時看看食物標籤的"營養成分"，知道自己吃
了甚麼。例如，能量條和全麥食品富含的各種維他命
和礦物質，也許已經超過了個人需求。

　　雖然服用複合維他命和礦物質藥丸不會損害健
康，但是顏色豐富的水果和蔬菜才是全天然維他命的
最佳來源。通過食用五顏六色的食品（藍莓、香橙、
紅蘿蔔、紅番茄、青豆等），不僅可以吸收到大量有
益心臟和血壓健康的維他命 C、鉀和葉酸，而且還很
多被認為可以預防癌症的植物化學物質。為了提高從
食物中攝取維他命，早餐的時候可以享用大量的水
果，比如麥片搭一個大香蕉＋一杯橙汁），中餐或晚
餐可以吃一些不同顏色的蔬菜（一份大號沙律或者一
份蒸熟的花椰菜）。還要保持運動：運動得越多，吃
得越多——吸收的維他命也更多。

小貼士：

　　如果你想把飲食方式從“全部食品”調整為“全天然”，請留意一些缺乏、富含或過多維他命的產品。因此，你可以把“全天然食品”和標準食品隨意混搭。也就是說，你可以把 Wheaties 和 Kashi 搭在一起食用。

抗氧化維他命

　　抗氧化維他命補充劑，比如維他命 C 和維他命 E 受到年長運動員的歡迎，但研究並沒有驗證它的實際效果。身體應對額外的運動卻可以產生額外的抗氧化劑。竅門就是多吃富含維他命的水果蔬菜，而非曲奇和甜品來填飽肚子。這些有益健康的食物可以同步工作產生複合作用，效果遠遠好過維他命藥丸。

　　儘管充分的維他命有益健康，但是過多的抗氧化物可能有害健康。例如，（年輕組）鐵人三項運動員在夏威夷鐵人三項比賽前 8 週服用過多的維他命 E（800 國際單位），會導致有害的發炎效果。首席研究專家大衛‧尼曼（David Nieman）博士認為過多的抗氧化劑會轉化為助氧化劑。它會產生令人討厭的不平衡，從而激發容易發炎的效果，與初衷背道而馳。（醫學科技體育摘要，2004 年 8 月，尼曼）。選擇吸取抗氧化補充物的底線是制定攝入的最高限度（2000 毫克維他命 C 和 1000 毫克維他命 E）。

　　隨着年齡的增長，人們運動的愈來愈少，甚至連運動員也是如此，這也就意味着他們進食得更少。充滿活力的 80 歲男性所需的熱量比他在 50 歲時減少了 200 卡路里，同比女性會減少 150 卡路里。這很有可能歸結於運動量更少了，或者整體的活動減少了（因有更多的休息）。但是他們攝入的卡路里越少，吸收的維他命就越少。老生常談的是確保每天服用複合維他命和礦物質藥丸。“高級配方”是最佳的，因為它能服務年長的人們。例如，善存（Centrum Silver）不含鐵，因為對於不缺鐵的人來說，過多的鐵也許會引發心臟病。它同時含有大量的維他命 E、B6、B12 和鉻，因為這些營養物質對於年長的人們來說也許可以保護健康。

小貼士：

許多複合維他命和礦物質藥丸都極少含鈣，因為鈣本身所佔的空間很大，如果含鈣，藥片會過大而無法吞嚥。這就是為甚麼一粒單獨的鈣片對於那些無法從食物中獲得鈣的人那麼重要的原因。

恢復

如果鍛煉後恢復得很慢，仔細看看跑步後的加油實踐步驟。與年輕的孩子們（或孫輩們）一樣，在運動後的一個小時之內吃一些碳水化合物和蛋白質的混合物，過兩個小時再進食一部分。享受朱古力奶、水果優酪乳、一碗麥片混奶、三明治或是一餐飯。你的肌肉需要蛋白質來重建和治癒，需要碳水化合物作為燃料。你吸收得越早，就會恢復得越好！

維持肌肉

說到維持強壯的肌肉，真理確實是真的：要麼使用它、要麼失去它。你可以通過一週至少兩次的力量訓練，阻止衰老帶來的肌肉減少。不僅可以作用於強壯的肌肉，令你更有力量；而且可以幫你防止新陳代謝減緩。也就是說，你的新陳代謝速率是由你擁有的肌肉數量驅動的。肌肉組織越多，你需要的熱量就越多——你吸收的保健蛋白質、維他命和礦物質就越多。

蛋白質

為了生成、維持和修復你的肌肉，你需要每天進食足夠的蛋白質。隨着年齡的增長，你對蛋白質的需求會略微增長——但是還達不到一個分離的蛋白質建議含量。運動員按體重算，每磅應該攝取 0.6-0.8 克（每公斤攝取 1.2-1.7 克）的蛋白質作為目標攝入量。如果你在控制熱量（比如節食），你需要稍微多進食點蛋白質。因為當你存在熱量赤字時，身體就會把蛋白質作為脂肪來燃燒，而不會把蛋白質用來生成和修復肌肉。對於一位 150 磅重的年長跑步者來說，蛋白質的每天攝入目標是 90-120 克。為了達到此目標，除了鈣質豐富的牛奶或優酪乳所含的蛋白質，還要計劃每天每餐飯都進食蛋白質。

例子：

- 花生醬土司（10g）＋一杯拿鐵（10g）
- 夾有 2 盎司火雞肉的三明治（15g）＋ 1 盎司低脂芝士（7g）＋一份優酪乳（10g）
- 意大利肉醬麵（25g）＋ 8 盎司牛奶（12g）
- 眾所周知紅肉有害心臟健康，其實只要是純瘦肉，同樣也可用於運動飲食。（牛肉中的膽固醇含量和雞肉、魚肉相似。）瘦牛肉不僅含有蛋白質，還有對年長的跑步者很重要的鐵、鋅、維他命 B 和其他營養物質。
- 魚類含有豐富的蛋白質，特別是三文魚、劍魚、吞拿魚和其他油脂魚具有保護健康的脂肪，能夠降低心臟病、癌症的風險，緩解關節炎的不適。因為這些魚類可能含有令人討厭的汞，所以每週限制自己攝入魚類少於 12 盎司（吃 2-3 次）
- 如果你喜歡素食，可以大量進食豆類、堅果和豆奶。每餐進食蛋白質豐富的植物性食物可以提供充分的蛋白質。把核桃仁切碎後加入到燕麥粥，在袋餅裏加入鷹嘴豆或者煎炒豆腐。

葡萄糖和軟骨素

如果你有輕度到中度的骨性關節炎，你也許會對葡萄糖和軟骨素感到好奇：這兩種補充物能夠緩解疼痛，還有減緩軟骨損害的可能。國家健康研究院已經完成了深入的研究並確定了這些補充物的有效性。這項研究結果（涉及 1,583 人，平均年齡為 59 歲）顯示補充物不如安慰劑緩解輕微膝蓋疼痛的效果好，但是對中度或重度膝蓋疼痛的人有好處。

一些專業人士基於補充物的食用形式，質疑了這項研究的結果。直到更深入的調查提供了更多的資訊，如果你選擇使用補充物來代替阿司匹林和 NSAIDS：

• 確保所買品牌來自於大型的、聲譽良好的企業，他們生產的葡萄糖或軟骨素在品質上比小型的、便宜一些的品牌更好。

• 攝取研究報告中的分量：基本上葡萄糖為 1500 毫克／天，軟骨素為 1200 毫克／天。成本為每天 1-3 美元。

• 如果在 6-8 週內沒有感到任何有益的反應，停止使用。不是每個人都有反應的。

• 如果你正服用稀釋血液的藥物，戒除軟骨素。軟骨素會令血液黏稠。

鐵

過了更年期的婦女不需要額外的鐵，所以男性和女性對鐵的需求是相似的。你不應該攝取鐵的補充物，因為對於不缺鐵的人來說，過多的鐵也許會引發心臟病。

如果你因為關節炎和關節疼痛正在服用阿司匹林和 NSAIDS，要知道血液損失可能是因為服用藥物而導致的腸出血造成的。在這種情況下，你也許會覺得自己貧血，需要鐵的補充物。

藥物營養成分的相互作用

有些食品會和藥物發生作用，令其效果降低。例如，正在服用降低膽固醇的藥物 Lipitor，你就不能吃柚子。其他藥物則需要額外的營養。例如，正在服用利尿劑，你應該吃富含

鉀的水果（柳丁、香蕉）和蔬菜（土豆）。經常諮詢你的藥劑師，確定是否要針對你的藥物來特別考慮營養物質。

加強記憶

藍紫色的水果，像藍莓、紫葡萄汁和 Concord 葡萄特別富含保護健康的複合物，能夠加強神經系統。根據波士頓塔夫咨大學（Tufts University）USDA 人類營養研究中心的博士詹姆士‧約瑟夫（James Joseph）的研究，藍紫色水果能夠促進老鼠的大腦活動形式，逆轉老鼠衰老的有害效果。約瑟夫對於這項研究表示樂觀，認為同樣適用於人類。

如果是這樣的話，多吃藍莓和飲用紫色的葡萄汁就能潛在阻止帕金森病和老年癡呆症的症狀出現。因此，約瑟夫建議我們經常進食這些食物：

- 富含碳水化合物的葡萄汁以及優質的恢復體能的食物。
- 凍藍莓可以作為美味的上層，搭配早餐的麥片。

- 幾乎在所有的食品店裏都能找到藍莓乾——
  一抓一把,作為好吃的零食!

益生菌

也許你知道抗生素是用來殺死體內的害蟲的,但是你未必知道益生菌。益生菌 (通常意味着 "有益生活") 是用來促進腸子內好的細菌的生長的。這些細菌有很多好處,比如產生必要的脂肪,加強消化和營養物質的吸收,加強免疫系統等 (百分之七的免疫功能都是以腸道為基礎的)。運動員們如果有以下問題,都會從益生菌中收益:

- 服用抗生素 (消滅好的和壞的細菌)
- 患有腹瀉、便秘或者其他腸道紊亂
- 嚴重病患或者經歷糟糕的手術

乳酪和酸牛奶都是益生菌的例子。把益生菌作為預防疾病的營養物質可以令我們所有人受益。也許一天一杯乳酪,醫生也能遠離!為了提升益生菌的攝入量,可以多喝乳酪 (含有活性培養物) 或其他培養的乳製品,比如酸牛奶或 Dannon's DanActive。你還可以服用益生菌補充物。最常用的產品包括 VSL#3、Cultural(Danone 出品) 以及 Flora Q(Bradley 藥品公司)。

纖維

食用足夠的富含纖維的食物可以令腸道規律地蠕動。它不僅能增強運動的舒適感,而且也有益健康。比如燕麥中的纖維可以降低膽固醇和心臟病的風險。

纖維含量最多的食物有麩穀、麥麩麵包，以及像糙米和糙玉米的純穀物。水果和蔬菜也含有很多纖維。

底線

- 聰明地吃"優質熱量"
- 碳水化合物是每餐飯的基礎，伴有蛋白質
- 一天三到四次富含鈣質的食物
- 喝大量的液體
- 舉重
- 快速再次燃脂，享受更年輕的感覺

希望有益健康的食物和充滿享受的運動令你成功！

我們需要補充
維他命嗎？

小貼士：

　　這一章的貢獻者是托德·維特索恩（Todd Whitthorne），他是 Cooper Concepts 有限公司的總裁和運營者，同時也是我研究維他命和礦物質效果的顧問。在肯尼斯·庫盆（Kenneth Cooper）和一班來自頂尖大學的顧問團隊的指導下，Cooper Concepts 公司生產了 Cooper 全套產品。這一系列營養產品基於多年的潛心研究：關於補充物如何積極的影響心血管問題和癌症的風險因數，同時促進高水準的活力和性能。欲多了解 Cooper 全套產品的研究，可以訪問 www.coopercomplete.com 網站。

　　一般來說，不論甚麼年齡的成年人都會受益於複合維他命和歐米茄 3 脂肪酸（“好”的脂肪）的補充物。從營養學的觀點來說，人體需要 6 樣東西：脂肪、蛋白質、碳水化合物、維他命、礦物質和水。能量來自於脂肪、蛋白質和碳水化合物，但是維他命和礦物質主要作為催化劑作用於體內，有助於釋放能量。不管缺了哪一樣，人體正常的功能就會拋錨。這樣會降低人體性能、增加患病的風險。

因為每個人的獨特性，衰老時的情況也不盡相同，所以我無法為不同生活方式的人提供特別細緻的建議。然而，當我們衰老的時候，對補充物需求的增加也有千變萬化的原因。一方面，當我們變老的時候，我們常常吃得更少了，也就減少了為身體提供維他命和礦物質的機會。這兩樣東西對身體的全面健康非常重要。而且還需要特別注意的是，隨着年齡的增長，同食物中的維他命 B 相比，人體更容易吸收補充物裏的維他命 B（特別是 B12）。最近，位於華盛頓 D.C 的研究組織 Levin 集團的研究顯示 65 歲以上的成年人，因為每日攝取維他命引起五年估計的潛在淨儲蓄為 16 億美元。（2003 年 9 月 24 日）

配方良好的複合維他命和歐米茄 3 脂肪酸補充物有助減少與一些健康狀況有關的發炎，包括心血管疾病、糖尿病和中風等。過度的訓練會通過增加氧化而增加了發炎。Cooper 全套產品的原始配方通過 C-反應蛋白已經臨床證明可以減少 32% 的發炎。（美國醫學日誌，2004 年 12 月號）。不論多大年紀，只要每週跑步超過 30 英里，我會為每個人推薦精英運動員複合維他命和礦物質配方。

牢記複合維他命不是糟糕飲食的替代物，只是一種"補充物"。從平衡膳食開始，包括瘦肉蛋白和大量的水果和蔬菜，考慮複合維他命。同時不要忽略歐米茄 3 脂肪酸難以置信的好處。這些"好的脂肪"  是"必要的"，體內無法自己生成，所以必須要服用它們。歐米茄 3 不僅對心臟非常好（它們能降低靜息心律、血壓、甘油三酯和心律失常等的風險），而且有益於大腦。

　　大腦雖然只佔體重的 2% 到 3%，但是它卻消耗了
20% 到 30% 的熱量，血液和氧氣分別消耗 20% 的熱
量。大腦中的脂肪約佔 60%，所以增加體內健康脂肪
（歐米茄 3）的消耗也是"必要的"。我們知道有兩種顯
著的方式可以降低抑鬱的風險，增加體能運動和在食
物中獲得大量的歐米茄 3。歐米茄 3 的最佳來源是魚
類（理想的是油脂魚，比如三文魚）和魚油補充物。

　　如果服用魚油補充物，確保每天至少攝取 1,000
毫克的 EPA 和 DHA。EPA（二十碳五烯酸）和 DHA
（二十二碳六烯酸）是歐米茄 3 脂肪酸裏"長鏈"的脂
肪酸，也是最有益處的。植物中的（例如亞麻籽油、
核桃油和油菜籽油）歐米茄 3 是相對短鏈的，好處也
不及 EPA 和 DHA。Cooper 全套高級歐米茄 3 產品濃
縮了 60% 的 EPA/DHA，而不是市面上常見的 30% 濃
度的魚油產品。把魚油儲存在冰箱並跟飯一起食用來
減少對魚油腥臭的反應。

為甚麼甩不掉脂肪？

    脂肪是我們預防災難的生理保單。它是人體可用的燃料,以防遇到飢餓、疾病或消化系統受傷的情況等。之後,你會了解到不同年齡的生理"設定點"系統是如何設定身體保持脂肪的。跑步是 50 歲以上的人可以用來防止脂肪上升的其中一個辦法,也許會減少脂肪。我已經花費數年的時間來研究這個主題,跟這一領域的專家進行交談。本章會解釋我關於過程的想法,這樣你就能按照自己的需求和目的設立一個戰略,掌控大部分的過程。

    很多人為了燃脂開始跑步。確實,跑加走的方法可能是最有效、最方便的運動方式了,它能重組你的脂肪儲存來燃燒脂肪。這個方法已經幫助幾千人學習去享受耐力練習——運作起來就像是燃燒脂肪的大熔爐。當身體調節為脂肪燃燒的方式,它就傾向於燃燒脂肪,因為只產生了很小一部分廢物。

    但是還不夠燃燒脂肪。從長期管理健康和身體的角度看,你需要保持脂肪不再出現。成功燃燒脂肪的人作了以下三件事:

1. 通過閱讀本章節和其他資訊來源了解這個過程。
2. 真正詳細自己能保持或降低身體的脂肪比例。
3. 建議一個適合自己生活方式的行為計劃。

脂肪是怎樣累積的？

當你在零食或正餐中吃到脂肪的時候，就像拿起了一個注射器把脂肪射入到腸胃或大腿。吃掉的一克脂肪是一克儲存在體內脂肪堆積區域的一克脂肪。此外，如果你在一天內從蛋白質（魚肉、雞肉、牛肉、豆腐）和碳水化合物（麵包、水果、蔬菜、糖）裏吸收的熱量大於消耗的熱量，多餘的熱量就轉化為脂肪並儲存起來。

用於生存的脂肪

經過一百萬年的進化，人體已經因為以下一個有影響力的原則把脂肪儲存並保持在體內：物種的生存。在人類理解疾病和預防以前，很容易受到大面積的感染。在遠古時期，甚至是輕微的疾病和流感都常常令很高比例的人口滅絕。那些儲存了足夠脂肪的人就能在飢餓和疾病的時候生存下來，生兒育女，並且傳遞、演化了脂肪積累的形式。

強大的設定點令我們保持脂肪

這個設定點是生物工程學上的生存機制。它看起來好像可以調整，但是你要和存在了一百萬年的生存機制進行鬥爭才行。本章的工具可以幫助你了解這一過程，全盤掌握自己燃脂的過程。

20 出頭設定脂肪水準

許多專家都同意我們在 25 歲時積累的脂肪，從身體直覺上可以標記為最低水準。這個 "設定點" 每年都會增加一點點。比如說 John 在 25 歲的時候，脂肪比例是 10%，他的設定點會逐年增加 0.5 個百分點。我們在年輕的時候，設定點增加的幅度很小，往往也意識不到這件事情的發生——一直到 10 年後的某次同學聚會。

人體本應該是攜帶着脂肪的。但是你的設定點實在是太強大了，每年都會逐漸增加百分比。當我們變老的時候，增加的幅度看起來就非常顯著了。不幸的是，設定點的記憶力很強。當你因為壓力或疾病經歷了艱苦的一年，設定點不會按照往常的速度增加了，因為食慾在接下來的一兩年內變大，設定點就會過分的補償。不斷地前進，大叫"不公平"！想叫多大就叫多大吧。你的設定點是不會吵架的——它只是繼續儲存。但是一運動就有希望了。

男女脂肪儲存不同

男性傾向於把脂肪儲存在皮膚表層，然而女性（尤其在她們二、三十歲的時候）先把脂肪堆積在內部儲存區域。大多數女性會認為她們的體重逐年增加的很少，所以不用擔心，因為外觀看不出來脂肪顯著的增加。"掐肉測試"是許多人可以檢測脂肪增長的工具。

當內部儲存區域堆滿後，額外的脂肪開始在胃、大腿和其他區域囤積。女性普遍會在三、四十歲的時候抱怨："我的身體背叛了我。"實際上，脂肪常常按照一個相對連貫的速率儲存起來，但是許多年來從外觀上都看不見。

男性比女性更易燃脂

當男性開始規律的跑步時，幾個月內就會減掉脂肪和體重。主要由於生理上的問題，從遠古時代起，為了保護母親，女性就很難減去脂肪了。實際上，你已經超過了我們社會裏的其他人——即使保持相同的體重。因為設定點，在美國平均一個45歲的人，通常一年會增長3-4磅。

所以保持體重和設定點的穩定已經是脂肪管理的一個
巨大的勝利。

節食因為"飢餓反射"失效

我們有能力在幾日、幾週和幾個月裏減少食物攝
取來降低脂肪水準和體重。這是節食的一種類型，設
定點的記憶力則是長久的。許多人會在同學聚會前 2
個月節食並減去了 10 磅。然後，中止節食了，飢餓感
開始不斷重現：經過幾個星期、幾個月後，食慾增加
了一點，人更容易餓了，直到儲存在體內的脂肪比已
經超過了節食之前。實際上，差不多所有節食的人都
會在節食停止幾個月以後又重了幾磅。

等待進食的時間過久而激發飢餓反射

當你等待超過 3 個小時以上而未進食任何東西的
時候，設定點有機會感覺到你即將進入飢餓的時期。
等待進食的時間越久，你越能感覺到飢餓反射的三大
效應：

1. 新陳代謝速率減少。想像內部有一個聲音這
樣訴說："如果這個人開始剝奪我的食物，我最好還
是調低新陳代謝的速率來保存資源吧。"更慢的新陳
代謝會令你感到昏昏欲睡，完全不想運動或走動。事
實上，大多數反應就是待在椅子上或沙發裏，最小化
移動和燃燒的熱量。

2. 脂肪存貯酶增加。等待進食的時間越久，就
能產生更多的脂肪存貯酶。下次吃飯的時候，更高比
例的飯會貯存在體內。

3.　食慾增加。等待進食的時間越久，你就越有可能在接下來的幾頓飯裏貪得無厭：因為如果飯量普通，你還是會感到飢餓。

突然剝奪令自己頹廢的食物

我以前非常喜歡一種特別的雪糕，一星期的幾個晚上就能吃掉一夸脫以上。如果我完成了當天的運動目標，就會吃雪糕獎勵自己。後來，我太太 Barb 和我在一次宿命的新年日，決定戒掉享用了 10 年的朱古力薄脆薄荷雪糕。我們成功地戒了 2 年。一次生日派對剩下的一盒雪糕卻讓我倆又重新開始這一習慣，因為曾經的剝奪，導致攝入量甚至比戒掉之前還要多。

你可以在很長一段時間內，"餓一餓"自己不吃鍾愛的食物。但是未來的某個時候，當它出現在你身邊，周圍又沒有其他人……你往往就會過度消耗它，按照如下步驟糾正：

1.　和自己簽訂一個合同：無論何時想吃的時候就吃一點——但是承諾分量要"合理"。
2.　從現在起到第 5 年，設定目標一週一碗。
3.　從現在起到第 4 年，5 天一碗。
4.　從現在起到第 3 年，4 天一碗。
5.　學習享受健康的天使，比如水果沙律、能量條等。

它是有效的！我幾乎都不怎麼吃雪糕了……但會在想吃的時候來一碗，你明白這完全是出於醫療的原因。

低碳水化合物騙局

低碳水化合物飲食毫無疑問可以幫助你減輕體重——水的重量。這種減少是表面的，很容易反彈。這就是它的工作原理。在進行運動鍛煉的時候，你需要一個稱之為糖原的快速能量來源 (初始 15 分鐘)，它來自於你所吃的碳水化合物，必須每天都得到替換。糖原的貯存區域是有限的，它也是重要器官比如大腦的主要來源。糖原貯存區域附近大約貯存了 4 倍的水分，因為當糖原轉化為能量的時候需要水。

通過戒食碳水化合物、食用低碳水化合物的節食者會經歷糖原區域的嚴重縮小。但如果那個區域沒有糖原的話，水分貯存也會減少。這兩種物質的消除會持續幾天或幾週令體重大大減輕。

脂肪並沒有被燃燒掉。事實上，許多低碳水化合物飲食都在鼓吹脂肪消耗。因為低碳水化合物節食者吃了更多的脂肪，體內的脂肪含量往往增加了，然而水和糖原減少會使體重看起來減輕了，因為表層水分減少了。當水和糖原後來被替換時候，體重就反彈了。很快整體體重會因為吸收了額外的脂肪而比低碳水化合物飲食之前還重。

因為糖原能量的來源很低或被耗盡，低碳水化合物節食者就沒有能量去運動了。這就是為甚麼你會聽到節食的朋友們抱怨他們有多累，一點也不想運動。當他們嘗試運動的時候，無法完成一次鍛煉，而且往往會有注意力不集中的情況 (糖原低意味着大腦的燃料少)。

就算你"自強不息"或在飲食上作了一點弊，中度費力運動的能力也會大大降低。隨着你的能量存儲接近於零，運動就充滿了掙扎、毫無樂趣。

低碳水化合物飲食文學不會告訴你這些：

- 你沒有燃燒脂肪——很多人增加了脂肪。
- 體重減輕往往是流失了水分，伴隨糖原流失。
- 差不多每位低碳水化合物的節食者會在幾個星期或幾個月內恢復正常飲食。
- 幾乎所有的低碳水化合物節食者增加的體重大於減去的體重。
- 你失去了運動的能量和動力。
- 你失去了運動能力，本來它能夠幫助你恢復正常飲食的時候保持體重。
- 你的新陳代謝速率下降了，保持體重更難了。

這是飢餓飲食的一種類型。我曾經聽說過無數的低碳水化合物受害者承認，當他們在節食的時候，當他們再次吃到碳水化合物時，被剝奪了碳水化合物的心理產生了巨大的反彈效應。對麵包、糕點、炸薯條、軟飲料和增磅食品的渴求，逐月增加。體重會反彈回來，增加，再增加。

低碳水化合物和其他節食一樣降低了新陳代謝速率。這會減少你每天燃燒的熱量。當你恢復正常的飲食後，你就沒有"新陳代謝熔爐"來燃燒增長的熱量。

降低設定點

你的身體具備很好的能力適應你的日常活動。它也會儘量避免壓力。在下一章，我們會講到如何調節你的肌肉變成燃脂熔爐。你一旦把它們形成了熔爐後，就能進入燃脂的生活方式。降低設定點更複雜，但當你規律地把特定的集中壓力加入到個人系統以後就是有可能的。

耐力跑：積極的壓力從兩方面刺激適應性

規律且足夠長久的跑步會產生這些壓力，也會激發尋找降壓的方法。

- 體溫上升
- 衝擊力或彈跳力

跑步令體溫上升，有助降低設定點

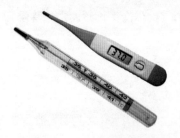

大家都知道跑步的時候，人會變得溫熱。這項活動要求身體抬高離開地面，個人中心體溫上升。然而這並不是一個健康風險，如果你能每隔一天保持這樣的人工熱度超過 45 分鐘，熱應激就加入到了人體系統。因為人體脂肪就像毯子一樣可以維持體溫，人體長期的、直覺性的解決方案就是縮小脂肪毯子面積，從而減少熱度的累計。

如果你越規律地跑走結合 45 分鐘以上，就越有可能降低設定點，避免這種重複的壓力。如果每週跑走結合一次，每次超過 90 分鐘，效果會更好。

彈跳力和衝擊力

你攜帶的體重越重，就越能感受到跑步的衝擊力。如果你能保持隔天跑步，人體就會感受到規律的壓力並且尋找減少壓力的方法。人體往往會通過減少額外的脂肪而適應，減少彈跳壓力。

燃脂的交叉訓練

交叉訓練有助維持規律的設定點降低壓力劑量，同時最小化骨骼受力。最佳的活動則是提升中心體溫、能夠利用很多肌肉細胞且舒舒服服持續 45 分鐘以上的運動。在不跑步的日子完成交叉訓練。游泳不是一項好的燃脂運動。水會吸收升高的溫度，因此中心體溫不會大幅度升高。

不錯的燃脂運動

- Nordic track 健身器
- 健步
- 橢圓機
- 划艇機
- 單車機

如何燃燒更多的脂肪？

"一週每次跑走結合超過 90 分鐘，腿部肌肉就會變成脂肪燃燒機。久而久之，這就意味着當你全天都坐在桌前的時候會比以前燃燒的脂肪更多。甚至當你在睡覺的時候，脂肪都在燃燒。"

緩慢、有氧跑步是燃燒脂肪的最佳方式。但是大多數人在開始跑步的第一年，往往只會保持原樣，體重沒有下降。這實際上已經戰勝了設定點。首先，你避免了由設定點激發的增磅，平均每年 1 到 4 磅。但當跑步者在維持體重不變的時候，脂肪已經在燃燒了。這是怎麼一回事？請繼續閱讀。

當你跑步的時候，全身儲存的糖原和水分增加了，它們轉化為能量並且令你降溫。你的血液量也增加了。所有這些體內的變化能幫助你更好的運動，但是它們會令體重增加（不是脂肪增加）。如果你在耐力運動一年以後還能維持體重不變，那麼你已經燃燒掉了幾磅脂肪了。不要讓體重秤令你抓狂。

長期燃脂需要紀律和專注。如果你會負責管理自己的飲食，完成必要的跑步和健步，你就成功了。燃脂成功的一個秘密是全天保持活動。一旦你學會用走代替坐，你就會為你每天所走的步數感到驚奇的：

步數＝燃燒的熱量

有氧跑步燃燒脂肪

通過自由的健步間隔和人體體能範圍內的跑步（沒有氣喘吁吁），你的肌肉就獲得了足夠的氧氣來運動。這時，你是有氧的。如果你跑得過快，超越肌肉本身的能力，血液系統就不能輸送足夠的氧氣給肌肉。這時，你是缺氧的。因此以一個輕鬆的配速跑步，可以令你保持在有氧狀態，或"燃脂"區域。當你某天跑得過快時，肌肉無法獲得足夠的氧氣，你就會氣喘吁吁。這個訊號說明你在逐漸進入缺氧的狀態。沒有氧氣，肌肉轉存糖原，會產生大量的廢物。

燃脂培訓專案

- 每週一次緩慢的跑走結合 60 分鐘以上（90 分鐘以上更好）
- 另外兩次緩慢的跑走結合 45 分鐘以上
- 兩到三次交叉訓練，每節 45 分鐘以上
- 每天在個人活動中額外加入健步 6 到 10,000 步（或更多）

運動初始 15 分鐘的糖分燃燒

糖原是人體在運動初始 15 分鐘的快速補給燃料。那些運動少於 15 分鐘的人是不會燃燒脂肪的，也無法訓練肌肉燃燒脂肪。但是如果你已經戒食碳水化合物，進行低碳水化合物節食時，能量和動機都會因為初始艱難的 15 分鐘運動而產生問題。

在糖原被當成燃料的時候，糖原會產生很多廢物——大多數是乳酸。如果移動緩慢且多數為健步的話，就不會產生很多廢物。即使配

速緩慢，如果在初始 10 分鐘內已經跑得氣喘吁吁，說明你已經跑得太快了（對你來說是那天過快）。有疑慮的時候，延長初始的健步，走得慢一些。

從第 15 分鐘到第 45 分鐘，你會過渡到燃燒脂肪的狀態。如果運動在人體體能範圍內，你的身體已經開始摧毀脂肪並把它當作燃料了。脂肪實際上比較高效的燃料，產生的廢物也較少。這種過渡會一直持續到接下來的 30 分鐘。直到運動中的第 45 到 50 分鐘，肌肉會訓練為主要燃燒脂肪。隨着大量的健步和緩慢配速的跑步，幾乎每個人都可以完成 3 組 45 分鐘的運動。

在燃脂區域一週三節

即使是基本沒訓練過的肌肉──過去 50 年只燃燒糖原，也可以在以下兩種條件下燃燒脂肪：

- 輕鬆運動，到達燃脂區域（一週 45 分鐘以上）
- 規律運動：一週 3 次（最好每節間隔至少 2 天）

一週一次，超過 90 分鐘

較長的小節應該逐漸延長到一個半小時，令你保持在燃脂區域，時間久到可以鼓勵肌肉適應到燃脂的狀態。為了達到最佳效果，每週應該這麼做。如果你沒有時間完成 90 分鐘的運動，至少嘗試一下 60 分鐘。

健步間歇令你走得更遠而不累

這會推你進入燃燒脂肪區域的同時讓肌肉快速恢復。出於燃脂的目的，最好健步早一些、多一些。行走里程數是燃燒多少熱量的基礎。健步間歇可以令你每天行走更多里數而不感到勞累。降低運動水準後，你就可以在脂肪燃燒區域逗留久一點，往往可以貫穿整節鍛煉。有疑慮的時候，最好多健步、減速度。

　　對自己現實一些。你真的願意為了燃燒大量的脂肪而改變生活方式嗎？如果你不確定，利用本章中的一些建議來看看大環境。即使一磅也沒減，規律的跑步會帶給你一系列有益健康的好處。由肯尼斯·庫鵬（Kenneth Cooper）在德州達拉斯成立的庫鵬（Cooper）診所和其他機構已經展示出，即使是患有肥胖症的人們也可以通過規律的運動降低罹患心臟病的風險。他們往往還比那些從來不運動的瘦子健康得多。

為了以後的人生
──燃脂訓練

健步多少、跑多少？

脂肪燃燒的底線就是每週包含的熱量數。所以，多插入健步間歇是有幫助的，運動里數即使更多，人也不會增加疲憊感。遵照"Galloway 的跑─走─跑"方法章節中的指導原則。在猶豫不定的時候，多走路。選擇一個對你來說輕鬆的比率就更好了，這樣你就能快速的恢復體力。

非跑步日每天 10,000 步，跑步日每天 6,000 步

增加健步的步數也許比跑步燃燒掉的體內脂肪還要多。當跑步建立起燃脂過程後，它也會激發食慾的增長。健步則不會大幅度的增加食慾。步程記或計步器可以激勵你走得更多，它也能強化你每天增加的步數。據我所知，沒有任何儀器可以讓你掌控實際燃燒掉的熱量。一旦你把多走 10,000 步設立為目標加入到每天的活動中時，你就會發現自己常常不再坐在椅子

上了，停車位置距離超市更遠了以及繞着孩子們的操場走等等。

　　計步器通常約有一平方英吋大，可以夾在皮帶、衣服口袋或者腰帶上。簡單版只會計算步數，這就是所有你所需要的。其他版本還能計算里程和熱量。我建議你從優質製造商那買一個計步器。在測試的時候，有些品質差的版本計算出來的步數是優質產品的 3、4 倍，儘管健步的場地一模一樣。

　　你的目標是在居家、工作、購物以及等待孫子輩等的時候，於非跑步日健步累計至少 10,000 步（跑步日健步累計 6,000 步）。這是非常可行的。你會發現一天中的許多空閒時間都是坐着或站着的。當你開始計算步數的時候，就會變得更加活躍，也更能感到精力充沛。

　　大約在晚餐時，"檢查步數"。如果沒有達到 10,000 步（或 6,000 步）的要求，可以在飯前或飯後在居所附近多走幾次。你不必在走夠步數的時候就停止。當你投入進去後，會發現更多的機會去健步和燃燒。

高達 59 磅脂肪在一年內消失了

　　脂肪大戰都是由許多小型的燃燒戰贏得勝利的——這一點，那一點。我們大多數人有很多機會。我也從很多的跑步者那得知，他們每天利用許多如下的漏洞，在一年中燃燒掉一打或更多的磅數。

每年燃燒掉的磅數 / 活動

1-2 磅	用爬樓梯代替電梯
10-30 磅	從工作中的椅子上站起來在走廊上走動
1-2 磅	從沙發中站起來在房間內來回移動（但不是拿着薯片）
1-2 磅	停車位置距離超市、商場等更遠
1-3 磅	停車位置距離辦公室更遠

2-4 磅	在孩子的操場、試驗田以及醫生的辦公室走來走去
2-4 磅	等待下一班飛機的時候，在中央大廳走來走去
3-9 磅	每天遛狗
2-4 磅	晚飯後繞着街區健步幾次
2-4 磅	工作午餐時間，繞着寫字樓健步幾次
2-4 磅	在商場和超市裏以健步的方式多繞一圈等，尋找便宜貨（最後一件可能是在商場中最貴的。）

總計：27–59 磅一年

每週額外增加里數，每年額外燃燒 15 磅

當你通常有小段空閒時間時，通過使用時間段，加入脂肪燃燒的運動而不會感覺到額外的疲憊：

- 減速並在每次跑步的時候多加 1 英里
- 午餐時間健步 1 英里
- 晚餐前或晚餐後健步或慢跑 1 英里

控制吸收脂肪的方程式

随着年齡的增長，新陳代謝會愈來愈慢。運動（尤其是跑步和健步），會幫你"加速運轉"的。但是控制熱量的攝入量對於減少體脂來說至關重要。跑步者常常會抱怨，他們已經增加了運動的里程並且實實在在地完成了交叉訓練鍛煉，卻減重失敗了。當我質疑他們的時候，在任何情況下，他們都沒有控制自己吃入的熱量。當他們完成練習的數量時，在任何情況下，他們都比自己想像中得多。下面你會從飲食中找到不用餓肚子就減去 10 磅或 10 磅以上的方法。

網站告訴你熱量平衡和營養平衡

我發現管理食物攝入的最好工具是一個好網站或一個軟體程式。有幾個這樣的工具能夠幫助你平衡熱量（燃燒掉的熱量 VS 食進的熱量）。大多數工具將會讓你輸入當天運動的情況和吃了甚麼食物。那天結尾的時候，你可以檢索熱量和營養物質的計算結果。如果你缺乏某種維他命、礦物質或蛋白質等，你可以在晚餐後吃點東西或服用一粒維他命丸。

- 使用一個考慮年齡的網站。你的攝入量和你需要甚麼會進行對比。
- 有些程式會告訴素食者是否攝入了足夠的蛋白質，因為這種營養物質很難從蔬菜中獲取。

- 如果你缺乏一些營養物質,你可以在第二天做一些事情來補齊營養赤字。
- 如果你攝入了過多的熱量,可以晚飯後健步、加大明天的鍛煉量、減少熱量或者上述都做。

我不建議讓任何網站來操控你的生活。首先,在第1週到第2週的每天都使用它是有幫助的。在這段時間,你會看到自己的類型,注意到自己需要補充甚麼或者應該減掉甚麼。經過初始階段後,兩三天內抽查一次。有些人需要比其他人多抽查幾次。如果每天登陸能讓你對吃正確的食物和數量更有動力的話,就每天登陸吧。

關於網站列表,可以登錄我的網站:www.jeffgalloway.com。在做決定之前可以多嘗試幾個。

學習控制分量——最大的益處

不管你是否使用網站,一個非常有生產力的步驟就是記錄一週你每天所吃的食物。如果你需要的話,攜帶一個小筆記本和一個小秤。當人們記錄、然後分析每份食物所含的熱量時,他們往往會驚訝於正在吃的熱量數(以及脂肪克數)。很多食物都隱藏了脂肪和糖分,所以你意識不到熱量增加得有多快。

持續練習這個步驟幾天後,你有一個工具能幫助你調整每一份食物的分量。這就是控制吸收脂肪方程式一個主要步驟。許多跑步者告訴我,他們痛恨第一週的記錄,但之後就變成了例行公事。一旦習慣了這麼做，你會清楚自己嘴裏吃了甚麼，以及還有那些更佳的食物可以選擇。現在，你已經逐漸在掌控自己的飲食行為了。

兩個小時進食一次

前面一章中提到，如果你連續 3 小時沒有吃東西，身體感到快要進入飢餓模式了，新陳代謝速率下降了，然而脂肪貯存酶卻愈來愈多了。這就意味着你將無法跟往常一樣燃燒那麼多的熱量了，不論是精神上還是身體上也不會那麼警覺了。正因為如此，下一餐飯的大部分將會以脂肪的形式貯存起來。

你可以通過增加吃東西的頻率來燃燒更多的脂肪。如果飢餓反射從 3 小時以後開始起作用，那麼你可以每 2 個小時就進食一次來打敗它。一個每天進食 2-3 次的人，轉變為每天進食 8-10 次的話，每年就會燃燒掉 8-10 磅。這個假設在不同的飲食模式裏攝入的熱量是一樣的。

大餐減速

大餐對於消化系統來說是一次大生產。血液轉移到了又長又彎的腸道和胃部。因為這樣的工作量，身體就會關閉血液流向其他區域的通道，令你感到更加昏昏欲睡和慣於久坐。

小餐加速

稍小分量的食物往往能被快速的處理，不給消化系統造成任何負擔。每次吃小餐或零食的時候，新陳代謝就會加速。通過一天幾次來加速運轉新陳代謝的作用，你會燃燒更多的熱量。

挫敗你的設定點

當你在飯與飯之間等待超過三個小時後，設定點就參與了飢餓反射。但是如果每隔 2-3 小時就吃東西的話，由於常規的食品供應，設定點就不會參與飢餓反射，因此脂肪貯存酶也不會受到刺激。

不再勞累？

當我們吃得越多，動機就會增加。最常見的原因是，我發現下午的動機低是因為那天吃得不夠規律——特別是在下午。如果你連續 4 個小時或以上沒吃東西，然後又計劃下午跑步的話，你會因為低血糖和低新陳代謝而不太有運動的動力。即使當你那天吃得不好，又愁眉苦臉，在運動前 30-60 分鐘吃點零食，你也能為跑走結合做好準備。一個纖維能量棒加一杯咖啡（茶，健怡飲料）就能逆轉消極的心態。但是如果你每 2-3 小時會進食零食的話，不一定非得讓自己進入這種狀態。

來自於小餐的滿足感會減少過食

你可以通過選擇食物（和營養結合物）減少每天進食的熱量數，滿足感會更加持久。糖是熱量控制和滿足感的最糟糕的問題。但你喝的飲料中含糖的時候，糖會轉化得非常快，就算剛才攝入了非常高的熱量，你常常在 30 分鐘以內又餓了。這會導致兩種令人討厭的結果：

1. 吃得更多來滿足飢餓感（不需要的熱量就轉化成脂肪了）

2. 保持飢餓並激發飢餓反射

你的任務是為小餐找到合適的食物組合，且能讓你滿足 2-3 個小時。然後再來一點零食達到一樣的效果。你會發現愈來愈多的食物組合含有較少的熱量，但是能讓你遠離飢餓，直到下一次的零食時間。

營養物質的滿足感更持久

脂肪

　　即使把一點脂肪加到零食中，也會讓你更滿足，因為它減緩了消化。

　　注意：一點就夠用很久了。當一頓飯的脂肪含量超過 30% 時，你會因為脂肪較難消化而開始感到更加昏昏欲睡。然而當脂肪熱量達到 18% 的時候，飽腹感就會持續很久，很多脂肪都會妥協燃脂的計劃。脂肪會自動貯存在你的體內。所有的飲食脂肪都不能用於能量。當你吃了脂肪豐富的一餐，脂肪同樣也注入了臀部或腹部。你所燃燒的脂肪全部來自於體內分裂了的貯存脂肪。總結：一餐零食加一點脂肪是有幫助的，但是很多脂肪只會令你體內的脂肪更多。

　　目前發現兩種脂肪會導致心臟附近和通向大腦的動脈收窄：飽和脂肪和反式脂肪。來自於蔬菜的單不飽和脂肪通常是健康的：橄欖油、堅果、牛油果和紅花油。有些魚油含有歐米茄 3 脂肪酸，對心臟有保護作用。然而，很多種魚的油脂是沒有保護作用的。

　　仔細觀察標籤。許多食物含有蔬菜油，可以轉為反式脂肪。大範圍的烘烤類產品和其他時候都有這個消極的成分。

蛋白質——瘦肉蛋白最佳

　　每天我們都需要這種營養物質重建運動中拋錨的肌肉及其正常的

損耗。具有高里程記錄的跑步者們不需要比久坐不動的人進食更多的蛋白質。但是如果跑步者沒有攝取正常分量的蛋白質，他們就會比久坐不動的人更快地感受到更多的疼痛，並伴有全身虛弱的感覺。

每餐進食蛋白質會令你很長一段時間都有滿足感。但是進食不必要的蛋白質熱量，就會把額外的蛋白質轉化為脂肪。

最近蛋白質已被添加到運動型飲料中，獲得很大成功。飲料的 80% 是碳水化合物，20% 是蛋白質（比如 Accelerade 飲料）。比賽前 30 分鐘飲用，糖原會更好的激發出來，能量也能提供得更快了。完成比賽後 30 分鐘內飲用相同比例的飲料（比如 Endurox R4），肌肉會重整得更好、更快。

水

就像你看到的本書裏南希·克拉克的章節，隨着年齡的增長，口渴度並不是缺水的良好指示劑。最好每 2 個小時飲用 8 盎司水。每天 "8 杯水" 的液體建議是可以嘗試的一個分量，除非你的醫生建議飲用更多的水。最多只能從含有咖啡因的飲料獲得一半的液體。酒精會導致脫水。最好能最小化酒精的消耗量，並且每喝一瓶啤酒或一杯紅酒就增加一杯水。

複雜的碳水化合物

這些碳水化合物都是 "打折" 或者有 "寬限期" 的。

食物像芹菜、豆、捲心菜、菠菜、蘿蔔纓、葡萄堅果、全穀物等，在消化中可以燃燒掉 25% 的熱量。和脂肪相反（進食後直接貯存在體內），它只是轉化成脂肪的過剩碳水化合物。例如，晚餐後，你有機會在附近街上或跑步機上來回走路，燃燒掉任何你在白天獲得的過剩熱量。

脂肪+蛋白質+複雜碳水化合物=滿足感

進食含有上述三種具備滿足感成分的零食會延長滿足感的時間，即使是食用小餐也會令你感到滿足的。這三項需要更久的時間來消化，減少了進食更多熱量的誘惑，"快速轉化"新陳代謝速率。

纖維

食物中的大多數纖維會降低消化的速度，同時維持較久的滿足感。可溶性纖維，比如燕麥麩看起來能賦予的滿足感比非可溶性纖維麥麩更久。但是每種纖維在這方面都有幫助。

三大營養物質的建議比例

這個問題還是存在意見分歧的。以下給出的範圍是我已經閱讀和詢問到的一些頂尖營養物質。它們按照每天每個營養物質消耗的熱量百分比排列，對比每天消耗的熱量總量。

蛋白質：18% 到 28% 之間

脂肪：15% 到 25% 之間

碳水化合物：不論剩下來甚麼——希望是複雜碳水化合物。

簡單碳水化合物有助於體重反彈

事實：我們要進食一些簡單碳水化合物。有些是"感覺不錯"的食品，比如糖果、烘焙甜食、澱粉（土豆泥和米飯）、含糖飲料（包括水果汁和運動型飲料）以及大部分的甜品。當你執行燃脂的任務時，你需要最小化這些食物的攝入量。

食物裏的糖很快就被消化了，所以糖不會帶來或沒有持久的滿足感。它們通常會令你對大多數的糖都很渴望，然而一旦沒有這些糖，就會產生飢餓反射。因為它們被轉化得很快，你很快會變餓，想繼續吃東西。這會導致熱量的額外堆積，通常最後在那天結束後轉化為了脂肪。

上一章提過，如果你想通過自說"我再也不吃它了"來徹底擺脫一樣食物的話，這絕不是一個好主意。這就像製作了一個飢餓反射定時炸彈。保持吃 1 到 2 口最摯愛的食物，同時培養自己對纖維豐富、含有少量或不含精糖或澱粉的食物口感。

血糖指數優秀 = 動力

血糖濃度（BSL）決定了人體的感覺。血糖穩定的時候，你會感到精力充沛、動力十足。如果食用糖分過多，血糖濃度就會升高得過多。你會一下子覺得很舒服，但是過多的糖分會激發釋放胰島素降低血糖。在這種狀態下，你會覺得無精打采、注意力不集中，同時動力快速下降。

如果血糖濃度保持全天平穩，你就更有動力去運動，並且希望在生活中增添其他的活動。整體看來，你的心態會更積極，從而也能對抗壓力、解決問題。就像全天進食保持新陳代謝一樣，全天均衡攝入營養物質就會保持穩定的血糖。

沒人希望自己的血糖濃度不好。低血糖令系統產生壓力，直接擾亂思想。大腦燃料由血糖提供，供應上升的時候，精神壓力增大。如果在跑走結合運動的前幾個小時都沒進食，你會收到數量增加的負面消息，說：你沒有力氣去運動或運動會造成傷害。

簡單吃一份含有碳水化合物和大約 20% 蛋白質的零食就會減少負面消息的數量，令你感覺舒適，想走到戶外。把零食當成血糖濃度的助推器往往就是當天跑步或不跑步的不同之處。

血糖濃度過山車

進食單一碳水化合物的超高熱量零食會對血糖濃度穩定產生反作用。正如前文所講，血糖濃度過高的時候，人體會產生胰島素，令血糖濃度比以前還低。然後，你會繼續吃，導致過多的熱量轉化為脂肪。如果不進食，你會一直感到飢餓和痛苦，而且沒有心情去運動或出去走走和燃燒熱量（或在跑步日進行跑步）。

最好每 2、3 個小時就進食

大多數人找到保持血糖濃度的最佳食品後，如果能每隔 2、3 個小時規律地進食輕量餐，血糖濃度就能保持在一個更佳的水準。前一章中也提到最好把含有蛋白質的複合碳水化合物和少量的脂肪搭配在一起。

血糖水準低，跑前要進食

人們在早晨進行跑走結合運動之前，大多數都不需要進食。如前文所述，如果下午低血糖，你還要按照日程表跑步的話，跑前 30 分鐘吃零食是有幫助的。假如你覺得早上進食零食也有所幫助，唯一的問題就是避免進食過多導致胃部不適。

要提高血糖水準，最好在低血糖的時候（跑前 30 分鐘內），進食零食，其中 80% 的熱量來自於單一碳水化合物，20% 的熱量來自蛋白質。這會促進分泌胰島素，有助於肌肉中的糖原在跑步前做好準備。我年年都從幾千個跑步者那裏得知 Accelarade 產品的效果是最好的。它的碳水化合物和蛋白質的配置為八二比例。如果你食用了八二比例的能量棒，確保飲水量達到 6–8 盎司。

運動中的飲食

大多數運動者在跑走結合不超過 90 分鐘的時候，不需要在運動中吃喝。在這一點上還有其他的選擇。如果你容易產生低血糖的問題，可以在運動初始 20 分鐘內吃一些零食。大多數跑步者會跑過 40 分鐘後再開始進食零食。

GU 能量膠或膠質產品：這些產品是小包裝的，質地與蜂蜜或糖漿一樣。最成功的方法就是把 1、2 小包膠質產品放在帶有噴嘴的小塑膠瓶裏。每 10–15 分鐘，噴 2、3 小口，喝一兩口水。

能量條：切成 8–10 塊，每 10–15 分鐘吃一塊、喝兩口水。

糖果：堅持食用妙妙熊（Gummi Bear）軟糖或硬糖。每 10 分鐘吃 1–2 顆。

運動型飲料：有相當高比例的跑步者在運動過程中飲用運動型飲料會感到反胃，所以在跑步過程中我不推薦它。如果你覺得運動型飲料有效，現在完全按照以前的方法來使用。

運動後 30 分鐘內補充能量很重要

不論何時完成一項艱苦或長久的鍛煉（為你），補充零食可以幫助你加快恢復。同樣，八二比例配置的碳水化合物和蛋白質是補充肌肉能量最有效的方式。無數產品中，Endurox R4 是我每年堅持使用且效果最好的產品。

交叉訓練：雙腿休息時感覺良好

年長的跑步者比年輕的跑步者更能從交叉訓練中獲益。跑步休息的日子越多，每個跑步日的跑步量和跑步強度就會增大。在"跑步休息日"進行正確的交叉訓練，就有可能提升身體力量、跑步更有效率、燃燒更多脂肪，同時小腿肌肉可以在下一次跑步之前重新振作。

交叉訓練活動

交叉訓練簡單來說就是跑步的"交替運動"。你的目標就是找到令你感覺舒適的運動，而非令小腿肌肉、跟腱和雙腳疲勞的跑步。由於不同的活動賦予不同的益處，你可以按照希望產生的效果來選擇交叉訓練的項目。

別的運動無法像跑步一樣產生跑後的餘暉效果。很多跑步者報導說每節混合 3 段或 4 段就能感到真正的鍛煉。但是即使你沒有得到跑步產生的內啡肽助推器，你也能從運動中放鬆自己、燃燒脂肪和熱量。

開始任何運動時
（或在運動停止後，開始計劃）

1. 初始5分鐘為輕鬆運動，休息20分鐘後再進行5分鐘輕鬆運動。
2. 休息一天再做這項運動。（可在第二天做不同的運動。）
3. 每節逐漸延長 2–3 分鐘，直到你完成的時間長度令人感覺舒適。
4. 完成 2 小節 15 分鐘的運動後，調整運動為一節 22–25 分鐘，如果願意的話每節逐漸增加 2–3 分鐘。
5. 長跑、艱苦的速度訓練以及賽跑的前一天最好不要做運動。
6. 要在每個替換運動中保持健康狀態，在完成既定的運動量後，每週做一節 10 分鐘或以上的運動。如果有時間，你可以在所有非跑步日進行交叉訓練（XT）——上述第 5 點所提到的情況除外。
7. 交叉訓練的最大運動量取決於個體。只要你在訓練完的那天以及第二天的跑步沒有麻煩，交叉訓練的長度就不是問題。

水中跑步能改善跑步姿勢

所有人腿部移動的一點翻轉會降低跑步效率。水裏跑步鍛煉中，水的阻力強迫腿部找到一個更有效率的路徑。另外，增強了一些腿部肌肉，令雙腿在長跑終點感到疲勞的時候還一直保持在更平順的路徑上。

怎麼做？

此項運動需要一個漂浮腰帶。"水上漫步"（aqua jogger）產品可以令人雙腳離開池底，漂浮在池子裏。拉緊彈性腰帶，使其緊貼身體。還有很多種保持漂浮的方法，包括滑水漂浮帶和救生衣。

進入水池的深水區，以跑步的方式移動雙腿。也就是說，膝蓋稍稍或沒有提升，在面前輕輕地踢出去，大腿帶到後面，腳在後方追趕。因為在跑步中，小腿應該在後踢的時候和水平面平行。

如果你沒感到非常用力，膝蓋很有可能提得太高，同時雙腿移動的範圍也比較小。需要增加跑步的移動來達到效果。

每週一次水中的跑步很重要，可以保持你已經達到的適應性。如果漏了一週，運動的時間長度應該從前一節的時間中縮短幾分鐘。如果錯過了三週以上，重新開始：每週兩節，每節 5 － 8 分鐘。

燃脂與全面健身訓練

Nordic Track健身器

這個運動器材在越野滑雪中能刺激移動。它是交叉訓練模式中的燃脂最佳工具，因為它令你用到全身的大部分肌肉細胞，同時升高體溫。如果運動配速輕鬆，你會逐漸達到燃脂的時間段（經過 45 分鐘）。這項運動要求腿、腳無衝擊，而且第二天可以像往常一樣跑步。

划艇機

划艇機有很多種不同的的類型。有的在鍛鍊恢復日，會令雙腿運動過度；但是大部分都會用到身體上半部和下半部的各種肌群組織。好比 Nordic Track 健身器一樣，如果找到了合適的划艇機，一旦逐漸掌握了方法，就可以持續延長運動的時間，想要多久就有多久。大多數較好的器械都是良好的燃脂機，它們會運用到大量的肌肉細胞，提升體溫，而且可以持續運動 45 分鐘以上。

單車機

室內單車運動(在單車機上的運動) 比室外單車的燃脂效果更好，因為它能令體溫提升得更多。和真正的單車運動不同，你無法得到微風帶來的降溫效果。不管是室內單車還是室外單車都會鍛煉到股四頭肌：位於大腿前面，相比划艇機和 Nordic Track 等減少了肌肉細胞運動的總數。

別忘了健步！

全天任何時間都可以健步。健步可以 "偷偷燃脂"，因為一天內可以隨意添加幾百步額外的步數，特別是少量的步數。健步還是一項極佳的交叉訓練運動，包括跑步機上的健步。

注意：步幅要小。

上半身的交叉訓練

為骨骼而設的重量訓練

重量訓練不是一項很燃脂的運動，不會直接有利於跑步，通常可以在非跑步日進行。跑步日仍然可以做重量訓練，但是確保等到跑步後才能做。加強力量有各種不同的方法。力量訓練運動有助於加強脊柱和其他重要骨骼支撐結構的聯繫。本書在前面也提到不建議做腿部的重量訓練。

年長的跑步者在重量訓練前應該聽取建議。經驗豐富的力量訓練專家會花費一個小時，按照你的問題和能力設計一個訓練專案。在嘗試任何力量增強訓練以及本書之前提到的訓練之前，聽取專家的意見。

增強跑步姿勢肌肉，有助預防骨質疏鬆

增強令人保持直立的肌肉，有助於減少上半身的傾斜和滑動。我做了兩個練習，能幫助我相當不錯地做到這一點。在做任何運動之前，向物理治療師或知識豐富的力量訓練師徵求意見。確保他們了解你可能

具有的任何背部或其他問題。

　　緊縮練習：背部朝下，躺在毯子或任何有墊子的平面上。輕輕抬起頭和背部的上半部分，離開地面。通過小幅度的移動，令你感到腹部肌肉幾乎一直在收縮。先從幾秒鐘開始這項練習，逐漸增加到 30 － 60 秒，每天 3 － 5 次（一週 1 － 2 天）。

　　手臂跑步：站立時，手持重量器械（奶罐等），移動手臂到跑步中也許會用到的範圍，也許比往常跑步的範圍稍大。保持重量器械貼近身體。先做幾次，逐漸增加到 3 － 5 套，每套 10 次。選擇在自己完成一套 10 次的訓練時，才會感到非常用力的重量器械。不要在完成最後幾次動作的時候，感到很掙扎。

　　向力量訓練師諮詢按照個人需要有助於你的動作。以下是有助於脊柱連接的動作：站立式肩部肌拉力、直立上拉和臥推。

其他增強上半身的運動：

游泳

　　儘管游泳不是燃脂運動，但是它加強身體的上半身，促進心血管健康的同時加強上半身肌肉的耐力。游泳可以在跑步日和非跑步日進行。

伏地挺身和引體向上

　　這些運動可以加強上半身的力量，因為鍛煉了上半身你希望加強的肌群組織。

不要在非跑步日做這些運動

　　以下運動會令跑步中使用到的肌肉疲倦，無法在非跑步日恢復。如果很想做下列運動中的任何一種，可在短跑日的跑步結束之後進

行。如果膝蓋或脛骨有任何疼痛，完全禁止這些運動：

- 樓梯機
- 有氧踏板操（會導致膝蓋問題）
- 針對腿部肉的重量訓練
- 快走——特別在有斜坡的場地
- 騎車課程（騎單車），你要站在踏板上、用腳蹬

若必須停止跑步，交叉訓練能保持健康

我知道很多跑步者不得不中斷跑步兩週或更久，並沒有失去顯著的健美身段。這是怎麼回事？他們加入了交叉訓練。如上面所看到的那樣，對跑步者來說最有效的交叉訓練模式就是水中跑步。

做運動（比如水中跑步）的關鍵是保持跑步中相同的移動範圍，令神經肌肉系統在能力範圍內保持工作。

你必須按照跑步中花費的時間和力度來保持負荷。比如，如果原計劃中的長跑會花費 60 分鐘，那麼水中跑步也要達到 60 分鐘。每隔幾分鐘，分段 40－60 秒進行省力運動（類似健步間歇）來保持肌肉的韌性。

在快速跑的日子，水中分段運動的長度和你在跑道及公路上的分段是一樣長的。不論長跑還是快速跑，盡力達到你在跑步時相似的呼吸速率。

玩具：心率監測器和導航儀

心率監測器

　　左腦跑步者通過技術專案和資料追蹤得到動力，他們告訴我使用心臟監測器的時候最有動力。喜愛跑步直觀感受的右腦跑步者發現鍛煉後數字緊縮的強度往往過大，令他們擺脱了跑步的上升狀態。但與幾百個不同類型的跑步者交談後，我意識到心率檢測器的好處是存在的，特別是"A類"和速度訓練的跑步者。

　　心率培訓師必須確定他們的最大心率，最好在專家的監督下測試。不要使用圖表或公式。測試出你的最大心率（見此問題的章節，下面）。隨着年紀的增長，最大心率會下降。每個人下降的幅度區別很大。

　　一旦確定了最大心率後，好的心率監測器可以幫助你整理力量水準。它會讓你更好地把握每一個施力階段的時間長度，減少過度負荷的機會和縮短恢復時間。當左腦跑步者在艱難的鍛煉中達到施力時間段，他們對於合理的施力力度和緩和程度獲得了合理的精確讀數，從而避免了長久的恢復時間。

　　許多"A類"跑步者在受傷之前不得不被告知要緩和力度。我聽過無數這類跑步者通過監測器精確地告知在輕鬆跑日要降低多少速度以及鍛煉中快速重複間隔的休息多久。右腦跑步者承認他們很享受對努力程度的直覺估值得到了驗證。心率監測器至少能告訴你：是否跑得慢到可以恢復，快速小節間隔休息多久以及艱苦速度鍛煉中的"紅色區域"。

所有的儀器都有"技術性難點"。心率監視器有可能受到本地電子發射和機械問題的影響。手機訊號塔甚至車庫門也會偶爾干擾到監測器的工作，這通常是偶然事件。但是如果讀數不正常：或高或低，就可能是上述幾個問題之一所導致。

確保完整閱讀使用說明書，特別關注如何佩戴儀器獲得最精確的讀數。如果佩戴得不牢固，可能會漏掉一些心跳數。這意味着你實際上比自己所認為的努力許多，會大幅度增加恢復的時間。

我建議保持監測每次向最大心率增加 5% 時的感覺。超時了，直覺感官會更好。比如，本來應該使用 80% 的力度，你用了 85% 的力度。

測試確認最大心率

如果要使用一個心率監測器，你應該先測出自己的最大心率。一些醫生（特別是心臟病專科醫生）都會這麼做。測試機構包括大學裏的人體機能實驗室、健康俱樂部以及基督教青年會等。最好能有在心血管方面受訓的專家監督測試。有時測試機構會誤解你想要的東西。你一定要說明自己只需要"最大心率測試"，而不是最大氧氣吸收測試。當心率監視器工作了幾個月後，你可以觀察各種艱苦跑步中的心率，清楚了解自己的最大心率。即使在艱苦的速度鍛煉中，你往往也會感覺到是否能更努力。但在跑到個人極限之前，你現在的最高心率應該在目前所記錄的最大心率範圍以內（不超過一或兩下心跳）。

目標：跑得更快同時保持心率更低

用最大心率的百分比作為標準

鍛煉中，一般不需要把自己的心率提高到最大心率的 90% 以上。在長距離訓練專案或速度鍛煉結束時，這種狀況時有發生，但只是短期現象。你的目標是在速度鍛煉或者較長距離跑步的前半段，令心率保持在最大心率的 70% 到 80%，在鍛煉結束的時候最小化心率的上升幅度。

計算最大心率百分比

如果你的最大心率為 200：

90%是 180

80%是 160

70%是 140

65%是 130

輕鬆跑步日，保持心率低於最大心率 65%

不確定的時候，跑得慢一些。疲勞、疼痛和曬傷的一個主要原因是在恢復期和娛樂期跑得不夠慢。在跑步結束的時候，跑得不夠慢就會造成心率增長超過正常值。如果發生這種情況，降低速度和增加跑步間歇就能把心率維持在最大心率 65% 以下。

速度重複練習之間，讓脈搏降到最大心率的 65%以下

為了減少艱苦鍛煉後、持續幾日的"揮之不去的疲勞感"，可以延長休息健步間歇，直到心率降到最大值的 65% 或以下。在鍛煉結束

的時候，如果你的心率在 5 分鐘內無法降到最大值的 65% 或以下，即使還有幾個重複練習要進行，那也應該做一些緩和動作來結束當日的訓練。

速度重複練習跑步流暢，速度鍛煉的心率就能保持低於最大值的 80%

如果你的跑步姿勢真正得到改善，就能通過更有效率的跑步來最小化心率上升：保持雙腳低到地面，輕盈觸地，保持快速和有效率的步頻。關於這一步驟的詳細資訊，可以閱讀本書的第二章節或《蓋洛威的跑步書》之第二版。

早晨脈搏

如果胸帶沒有干擾睡眠，你就能在早上測試脈搏獲得精準的讀數。你可以用這樣的方式在訓練中監測心率。記錄每晚的最低數位。一旦建立起基線，在心率上升超過 5%-9% 時候，應該在那天輕鬆跑。當心率上升到 10% 或以上，你需要多休息一日。如果心率因為感染而加快，除非有醫生聲明，否則不應該跑步。

用"兩分鐘法"對長跑配速——而不是心率

即使在跑到最大心率的 65% 時，許多跑步者也會比長跑的初始速度快很多。閱讀本書中為長跑配速的指引，不要為跑得慢而感到害羞。

在長跑結束的時候，如果心率超過最大心率的 70% 就要立刻休息。由於長跑結束比較疲憊，心率會再向上加大一些。如果發生這種狀況，保持降低速度，這樣你就能把心率保持在最大心率的 70% 左右，甚至讓心率在最後幾英里低於這個水準。

GPS和其他距離配速計算器

GPS 和加速器是兩種測量距離的裝置，通常都非常精準。然而有的裝置會比其他更精準，但是大部分測量跑步距離的裝置還是基本精準的。這些裝置可以令你起跑 1 英里的第一個十分之一就開始配速。

自由！有了這些裝置，你想在哪裏長跑就去哪裏，不用再圍着一個圈來重複——僅僅因為所有的路程都可以測量了。取而代之跑道上的快速小節訓練，你可以在公路、郊野或住宅區的街道馬上測出分段的距離。如果你的目標比賽在跑道上舉行，不管怎樣我都會建議你把至少一半的快速小節放在跑道上完成。這和訓練原則中的"明確性"相關。

GPS 裝置通過使用衛星導航追蹤你的運動。一般來說，衛星越多的地方測量得越準確。"陰影"部分是無法找到訊號的區域：建築物、森林或山區。郊野裏帶有許多拐彎的地方，裝置會切到切線並算作里數。這些往往只是暫時的干擾，但是最終顯示的里數往往會比你實際所跑的距離要短。

加速器產品要求的刻度很輕鬆，顯示也非常準確。鞋上的"墊子"對運動和施力非常敏感，資料會傳送到手腕監測器。我還從來沒有聽說過這種科技的裝置受到任何技術性的干擾。我發現最好的使用方式是在刻度範圍內變速使用，通過一、兩個健步間歇來模擬跑步時將要做的事情。

有些裝置需要裝電池，有些則是充電式的。跑步專業用品店裏，有豐富經驗的工作人員可以針對每個產品的優勢和劣勢給你建議。有時他們也會分享各個品牌和模特的"八卦"，從顧客那裏獲得回饋。

Chapter 4

如何解決**問題**

對抗炎熱

"氣溫超過華氏60度的時候，忘了個人紀錄吧。"

如果你在溫暖的一天降低了一點跑步速度，那麼就能完成得更強、跑得更遠。看起來很明顯，但有些跑步者在酷熱的天氣裏比賽時，"失去了"這樣的結果。結果跑步時間慢了許多是不可避免的。酷熱的天氣裏，在比賽的第1英里中，每跑得過快1秒鐘，往往在結尾的時候看到慢了2-10秒鐘。

炎熱會增加心血管疾病的風險。即使降低跑步的速度，心臟也比平時工作得更努力。如果你在這方面有任何關於風險的問題，可以諮詢醫生。

即使在中度炎熱（華氏60度以上）的時候劇烈運動，中心體溫升高會激發血液釋放到皮膚的毛細血管，令你降溫。這會減少了運動肌肉的血液供應，意味着較少的血液和氧氣輸送到令你前進的動力源。這就意味着只有較少的血液來排出廢物。心臟從而被迫更加努力地工作。隨着廢物在肌肉中堆積起來，也會降低速度。

所以壞消息就是溫暖的天氣裏，你會感覺更差、跑得更慢。更壞的消息在酷熱的天氣裏過於努力會導致一種非常嚴重的情況，稱作"中暑"。確保閱讀本章結尾關於這一問題的章節。好消息是隨着你了解了一天中運動的最佳時段、衣着以及其他降溫的技巧，在某種程度上會適應這些情況的。最好預防降低速度。但最好能在出現中暑的跡象時退出或中止跑步。以下是一些已經證實的避免中暑的方法。

在夏日酷暑中進行長跑鍛煉

1. 在太陽升起地平線之前跑步。天氣暖和的月份早起，你就能避免大多數來自太陽輻射的額外壓力。這個問題在潮濕的區域更明顯。清晨往往是一天中最涼爽的時候。不用和太陽對抗，大多數跑步者會逐漸適應炎熱。至少，跑步過程也比當天的晚些時候要舒服得多。

   注意：確保注意安全問題。

2. 如果你必須在太陽當空的時候跑步，選擇一個有陰涼的場地。陰涼能大大緩解乾燥區域和潮濕環境中的不適。

3. 在濕度低的區域，往往晚上和夜裏是涼爽的。在潮濕的環境中，緩解的程度不大。潮濕的地方，黎明之前是一天中溫度最低的時候。

4. 擁有一件室內運動器材。如果是跑步機，你可以開着空調運動。如果你覺得跑步機很無聊，5-10分鐘交替小節運動，一節室內、下一節室外。

5. 別戴帽子。大部分的身體熱氣都是通過頭頂散發的。蓋着頭會令身體內部快速積蓄熱量。

6. 穿着輕盈、非棉質的衣服。許多新型科技纖維（Polypro 聚丙烯、Coolmax 柯夢絲、Dryfit 快乾滌綸等）可以帶走皮膚上的水分，產生降溫的效果。棉吸汗，衣服緊貼着皮膚就會更重。這也就意味着棉質提供的降溫效果遠遠不如那些科技材料。

7. 把水倒在頭上。蒸發不僅有助於降溫過程，還會令你覺得更涼快。這種心理推進會對動力產生很大影響，也許會幫助你完成一次困難的鍛煉。跑步的前一晚凍上一瓶水，跑步的時候帶上它。

8. 分段進行短距離跑步。天氣炎熱的時候進行短距離的跑步是可以的，把這 30 分鐘的跑步分給早上 10 分鐘、中午 10 分鐘和夜裏 10 分鐘。長跑就應該無論如何一次完成。速度鍛煉應該一次完成，你可以在天氣炎熱的時候拆開跑步的距離（例如：你原本打算進行 1 英里的重複練習，可以跑兩個 800 米）。

9. 水池小憩或淋浴降溫。跑步中，在水池或淋浴浸泡 2-4 分鐘確實很有幫助。有些跑步者在天熱的時候繞着街區一圈圈的跑，每一圈都會對着水管沖沖頭。水池浸泡身體能夠緩解人體過度的體溫。我曾經在佛羅里達州的跑步場跑步，溫度高達華氏 97 度。把 5 英里的跑步分成了 3 次乘以 1.7 英里完成。每次跑步間隔，我會用 2-3 分鐘的時間在池子裏"浸泡休息"，然後繼續跑步。只有在每段跑步結束時，才感到熱。

10. 防曬——混合觀點。有些跑步者需要保護自己。然而，有些防曬品在皮膚上的塗層會減少排汗、令體溫積聚得更高。如果你每次在太陽下的活動在 30-50 分鐘，也許不需要塗抹防曬品預防癌症。關於個人的具體需求，諮詢皮膚科醫生或找一個不會堵塞毛孔的產品。

11. 每 2 個小時至少飲用 6-8 盎司例如 Accelerade 的運動型飲料或水，或者在口渴和天氣炎熱的時候（非跑步的時候）一直喝水。在炎熱天氣跑步的時候，冷水對於大多數人來説是最好的飲料。建議運動中每小時攝入 14-27 盎司的液體。

12. 閱讀本節結尾的衣着溫度計。穿着面料、質地寬鬆合身的衣服。質地上限制或阻礙排汗的面料會導致蒸發降溫的局限性。

13. 溫度超過華氏 90 度時，我允許你重新換跑鞋——最好在安裝空調的環境裏。

熱天長跑減速

氣溫升到華氏 55 度（攝氏 12 度）以上，人體就開始聚積熱量，但是大多數的跑步者直到華氏 60 度（攝氏 14 度）才會大幅度地減速。如果能儘早調整速度的話，你就不會在後來不得不忍受一次性降低很多速度的情況。本表的基線為華氏 60 度或攝氏 14 度。

因炎熱而調整配速

50－60 歲：	華氏 60 度以上每增加 5 度，每英里慢 30 秒（攝氏 14 度以上，每增加攝氏 2 度，每公里慢 20 秒）
61－70 歲：	華氏 60 度以上每增加 5 度，每英里慢 35 秒（攝氏 14 度以上，每增加攝氏 2 度，每公里慢 25 秒）
71－80 歲：	華氏 60 度以上每增加 5 度，每英里慢 45 秒（攝氏 14 度以上，每增加攝氏 2 度，每公里慢 33 秒）
81－90 歲：	華氏 60 度以上每增加 5 度，每英里慢 60 秒（攝氏 14 度以上，每增加攝氏 2 度，每公里慢 45 秒）
91 歲以上：	限制長跑距離不超過 10－12 英里（15 到 20 公里），配速調整遵照 80－90 年齡組。

中暑警告！

儘管你不太可能把自己逼到中暑的情況，但是在炎熱（和、或潮濕）的情況下運動時間越長，你就越有可能達到這種危險的醫療狀況。這就是我為甚麼建議你在炎熱的戶外跑步時，把運動分成較短的小節。對炎熱的反應和周圍的跑步者保持敏感。一旦出現一絲中暑的症狀，通常問題不大，除非感覺極其痛苦。若同時出現幾種中暑的症狀，立刻採取行動，因為中暑會導致死亡。通過中止鍛煉、降溫等保守一些總是比較好的。

注意：有心血管疾病或心血管疾病病史的人以及具有大量風險因素的人應該完全避免在炎熱的天氣裏跑步。

症狀：

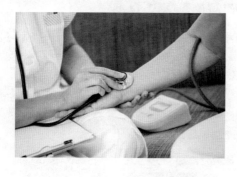

- 頭部聚積很多熱量
- 全身整體過熱
- 十分頭疼
- 十分噁心
- 全面混亂和注意力不集中
- 肌肉失去控制
- 出汗過多，然後停止出汗
- 皮膚濕冷
- 肌肉抽筋
- 感覺眩暈
- 心跳不正常或心律失常

中暑風險因素：

- 病毒或細菌感染
- 服藥——特別是感冒藥、利尿劑、腹瀉藥、抗組胺藥物、阿托品、莨菪鹼和鎮定劑，甚至還有膽固醇和血壓藥。向醫生諮詢藥物的問題——特別在炎熱的天氣裏跑步的時候。

- 脫水（特別是因為酒精引起的）
- 嚴重曬傷
- 超重
- 缺乏炎熱的訓練
- 超過個人習慣的運動量
- 曾經中暑
- 兩晚或以上極度失眠
- 特定的醫療狀況，包括高膽固醇、高血壓、極度緊張、哮喘、糖尿病、癲癇、心血管疾病、抽煙以及普遍缺乏運動。
- 用藥，包括酒精、非處方藥物、處方藥物等（在炎熱的天氣進行運動時，諮詢你的醫生如何用藥）。

行動！撥打 911

利用你的最佳判斷，但是大多數情況下，出現兩個以上中暑症狀的人應該馬上轉移到涼爽的環境並且尋求醫療救助。最有效的降溫方法是把毛巾、床單或衣服用涼水浸透，然後包裹中暑的那個人。如果有冰的話，在濕布上撒一些冰。

炎熱適應鍛煉

如果你規律地強迫自己來對抗體內熱量的聚積，就會稍微適應這種壓力。然而你永遠都不會感到舒服，在你保持對酷熱的適應性時，能夠用體力完成熱天裏的跑步，在比賽中更有競爭力（如果你願意的話）、恢復得更快。就所有的訓練成分來說，規律是最重要的。儘管出汗量和出汗時間是一個個人問題，但是你應該在鍛煉結束的時候出了一定程度的汗。如果天熱得令人難以忍受，減少運動量。不要讓自己進入中暑的開始階段。在運動前向醫生諮詢清楚。具有心血管風險的人不應該進行這項鍛煉。

重要提示：閱讀本節關於中暑的內容，如果你感到自己開始出現反胃、注意力不集中或失去精神意識的情況，中止鍛煉。

鍛煉

- 在短距離跑步日一週進行一次這項鍛煉。
- 採用平時的跑步結合比例，配速輕鬆。
- 5 分鐘健步熱身，5 分鐘健步放鬆。
- 溫度在華氏 75 度到華氏 85 度（攝氏 22 － 27 度）效果最佳。
- 出現反胃跡象、重要的熱度反應及其他中暑症狀時應中止鍛煉。
- 溫度低於華氏 79 度（攝氏 19 度），加多層衣服來模仿高溫。
- 第一節：在炎熱的情況下僅跑走 3 － 4 分鐘。
- 接下來每一節連續：增加 2 － 3 分鐘。
- 最多增加到 25 分鐘——不要中暑。
- 規律性對保持適應性很重要。一週鍛煉一次。
- 如果你錯過了一週或者一週以上的鍛煉，顯著降低運動量、重新積累。

貼士：在冬天保持耐熱性

　　通過增加超過個人需求的多層衣着，保持自己對夏季酷熱的調節，這種調節也需要很多努力才能生成。多層次的衣着會令你在跑走結合的初始 4-6 秒鐘內開始出汗。持續跑步時間總計超過 12 分鐘，你會按照上面的提示逐漸適應。

解決問題的表現

結束的時間在變慢

- 長跑的時間不夠長或不夠慢。
- 在比賽開始跑得過快(年長跑步者往往會戲劇性地在後半段加速跑)。
- 健步間歇需要更頻密。
- 你也許會訓練過度;取消一到兩週的快速小節——隔一天跑一次
- 在速度鍛煉中,開始時跑得慢一些,鍛煉結束的時候拼命地跑。
- 速度鍛煉重複的長度縮短一半,然後跑兩次達到同樣的效果。
- 也許是溫度和/或濕度的問題,在起點儘量降低速度。

比賽中降低速度

- 可能因為在起點跑得太努力了,在比賽的前三分之一,把速度降低到每英里慢幾秒。
- 更多健步間歇。
- 在速度鍛煉中,起點跑得慢一些,然後在鍛煉的中間加速。

結束時的反胃

- 起點跑得太快了。
- 氣溫超過華氏 65 度（攝氏 17 度）。
- 比賽或鍛煉前吃得太多了（或喝得太多）。
- 吃錯了食物是最常見的問題，像脂肪、油炸食品、乳製品和高纖食物。
- 跑步中吃或喝得過多。
- 如果運動型飲料引起跑步中的反胃，用水作為替代液體。

鍛煉中的疲勞

- 缺乏維他命 B
- 缺鐵：測試血清鐵蛋白
- 進食的蛋白質不夠
- 運動前低血糖——白天多餐，跑步前 30 − 60 分鐘進食零食
- 前一次跑步完成的 30 分鐘內沒有進食（重儲肌肉糖原）
- 進食過多脂肪——特別是在跑步前或跑步後
- 每週跑步日數過多
- 長跑時跑得過於辛苦
- 所有跑步日跑得很辛苦
- 從跑步開始就沒有採取足夠的健步間歇

沒有得到改善的原因：

1. 訓練過度，感到勞累——如果是這樣，減少訓練並／或增加一個休息日。

2. 目標好高鶩遠，遠遠超過個人能力。

3. 錯過一些鍛煉，又或訓練得不規律。

4. 氣溫也許在華氏60度(攝氏14度) 以上。如果在華氏60度以上，你要降低速度 (距離愈長的比賽，熱度上升的效應愈大)。

5. 使用不同的測試場地時，其中一個場地也許測量不準確。

6. 在鍛煉或比賽的前三分之一跑得過快。

問題和對策

側邊痛

這種病痛非常常見，並且通常有一個簡單的解決辦法。正常情況下並不需要為這種病痛過分擔心，它只是有點疼。這種情況是由兩個因素造成的：缺少深呼吸和在跑步的開始階段速度過快。你可以很容易地糾正第二點，以健步走起步，並且在跑步的前幾分鐘內儘量降低速度。

在跑步的起步階段深呼吸可以防止側邊痛。以這種方式吸入的空氣可以把你呼吸到的空氣送到你的肺部底部，也被稱為"腹式呼吸"，我們在睡覺的時候就是這樣呼吸的，它可以使氧氣的吸收達到最大化。如果你沒有在跑步的時候深呼吸，將無法得到足夠的氧氣，這樣你就會側邊痛。通過減速，健步走，深呼吸一陣，這種痛就會消失。但有些時候它並不會消失。大部分跑步者會繼續帶着側邊痛跑下去。以我 50 年的跑步和幫助別人跑步的經驗，我從來沒發現帶着側邊痛跑步有長期的副作用，它只是有點疼。

小秘方：

一些跑步者發現如果你在有側邊痛的時候，用痛的這一側的手緊握一塊石頭用力擠壓 15 秒鐘，側邊痛會消失。堅持擠壓 3 ～ 5 次，同時深呼吸。

你沒必要用最大力去呼吸。就是一個簡單的呼吸，但是把空氣送到肺部深處。當你發現腹部在吸氣和呼氣的時候上下起伏，動作就做對了。如果只是胸部上下起伏，那僅僅是很淺的呼吸。

注意：吸氣和呼氣不要進行太快。這可能導致換氣過度，眩暈，昏厥。

頭一天我感覺很好，第二天卻很難受

如果你能解決這個問題，那麼你將成為一個非常富有的人。有一些常見因素會造成這種情況，但是你的身體總會遭遇"那些天"，即身體狀況好像不對頭，或者感覺重力比通常情況更重，並且你根本找不到原因。你應該繼續在你的日誌裏尋找造成這種情況的原因。如果這種情況一週發生了好幾次，你可能需要在訓練計劃裏加入更多的休息，或者去醫院檢查一下。

1. 堅持訓練。大部分情況下，這種感覺只是一天的偶然事件。大部分跑步者會在訓練中加入更多的健步，降低速度來完成訓練。在進行速度訓練之前，一定要確定造成這種"不良"反應的原因不是醫學原因。我曾經在前幾英里或者前幾組速度訓練感覺非常差的情況下完成了跑步訓練的最好成績之一。

2. 天氣熱和濕度大會讓你感覺更糟。在氣溫低於華氏 60 度（攝氏 14 度）的時候你會感覺良好，但是當氣溫高於華氏 75 度（攝氏 21.5 度），或者濕度很高的時候，你會感到難受。

3. 低血糖也是導致跑步訓練感覺難受的一個因素。在開始階段你可能還感覺不錯，但是突然就會發覺你好像沒有能量了。每一步非常艱難。請閱讀本書關於血糖的部分。

4. 精神動力不足。使用在"精神力堅強"的章節中介紹的預演的技巧，來幫你度過這糟糕的一天，或者幫你在天氣情況不佳的情況下繼續跑完全程。這些技巧已經幫助過無數的跑步者來改變他們的想法，甚至在跑步的半途中也是一樣。

5. 感染可以導致你感到昏昏欲睡，乏力，無法保持幾天前可以輕鬆達到的同樣的速度。檢查一下常見的症狀（發燒，畏寒，淋巴腺腫大，早晨高心率，等等），如果你懷疑身體出現問題應該至少打電話給你的醫生。

6. 藥物和酒精，即使是前一天服用的，仍然會造成宿醉，這可能不會影響你生活的其他方面，但是卻會影響你的跑步訓練。你的醫生和藥劑師應該告訴你這些藥物對劇烈運動產生的作用。

7. 一個緩慢的起跑過程是造就感覺良好的一天和感覺糟糕的一天的關鍵。當你的身體處於疲勞或其他壓力的邊緣時，每英里僅僅步行或者跑快了5-10秒，就會導致難受或者更嚴重的症狀。在你感到過於疲勞前快速的調整到稍慢的速度，可以避免這種情況的發生。

8. 咖啡因可以幫助你，因為它能夠讓你的中樞神經系統運轉。在跑步之前一個小時喝一杯咖啡，我會感覺更好，而我的腿亦會運作得更好。當然，不適合攝入咖啡因的人應忽略這一條或者諮詢醫生。

9. 每週多休息一天，特別是當你每週跑四天或者四天以上的情況下。

肌肉抽筋

大部分跑步的人都會在某個時刻突然出現抽筋。這些肌肉收縮通常發生在腳部或者小腿，並且在健步走和跑步的時候都有可能發生，也有可能在運動過後隨機地發生。通常情況下，它們會在晚上，或者當你坐在桌子前面，或者在下午，或晚上看電視的時候發生。當你在跑步的時候發生了嚴重的抽筋，你必須要停下來或者大幅度減速。

抽筋的嚴重程度不同。大部分都不嚴重，但是某些可能會使肌肉用力過度導致受傷。放鬆肌肉，嘗試輕柔的按摩抽筋部位。這樣做可以解除大部分的抽筋症狀。但是極少情況下，這種拉伸會導致抽筋加重或者拉傷肌肉纖維。

大部分抽筋是由於肌肉過度使用導致的，突然加大運動量，或者持續的挑戰自己的極限，特別是在天氣較熱的情況下。檢查一下你的跑步日誌裏面的速度和里程，確認你是否跑得過快，或者跑得過長，或者兩者都有。記住當天氣熱的時候要調整你的速度：當氣溫超過華氏 60 度時，每升高華氏 5 度，每英里速度應該減慢 30 秒。或者當氣溫超過攝氏 14 度的時候，每升高攝氏 2 度，每英里速度應該減慢 20 秒。

- 持續的跑步增加了發生抽筋的幾率。在跑步訓練中增加更多的步行休息可以減少抽筋發生的幾率或者消除它們。一些曾經在連續跑步中產生過抽筋的跑步者，當他們在長跑或者快速跑訓練中，每 1–3 分鐘的跑步之後進行 1 分鐘的慢步走，抽筋就不會產生。

- 在天氣很熱時，一瓶很好的電解質飲料（在一天中均勻地攝入）可以幫助補充你的身體由於出汗損失的鹽分。例如像 Accelerade 這樣的飲料，在一天中每 1–2 個小時飲用 6–8 盎司，可以幫助補充這些礦物質。

- 在一個路程非常長的健步，慢步，或者跑步訓練中，持續出

汗，特別是當你飲用大量液體會令體內的鈉
濃度過低，從而導致肌肉抽筋。如果這種情
況經常發生，一種緩衝鹽片劑，如 Succeed，
可以起到幫助。如果你有血壓或者其他鈉濃
度的問題，先諮詢你的醫生。

• 很多藥物，特別是那些降膽固醇的藥物，副
作用包括肌肉抽筋。使用這類藥物的跑步者
如果有抽筋的情況，應該諮詢醫生並且研究
是否有替代藥品。

對抗痙攣的幾種辦法：

1. 熱身時間長一些、動作柔和一些。
2. 縮短跑步小段，延長健步小段或增加健步間歇
   的頻率。
3. 降低健步的速度。
4. 在炎熱或潮濕的天氣，縮短距離。
5. 把跑步分割成兩小段（但不適用於長跑或速度
   鍛煉）。
6. 注意任何會導致痙攣的運動。
7. 在運動開始的時候服用一片緩衝鹽片劑。
8. 離開地面的時候不要蹬地過猛或彈跳過高。
9. 在炎熱的天氣中進行速度鍛煉，在休息間隔的
   時候多走走。

注意：如果有高血壓或相似的問題，在服用任何鹽
產品之前諮詢你的醫生。

胃痛或腹瀉

　　每一位跑步者幾乎遲早都會遭遇至少一次反胃或腹瀉。它來自於你一生中積累的所有壓力，特別是鍛煉中的壓力。但壓力是個人內部許多獨特情況的結果。你的身體產生反胃或腹瀉，令你減少運動，也就是減少了壓力。以下是幾種常見的原因：

1. **最常見的原因是跑得過快或過長**。跑步者對此會感到困惑，因為配速在最開始是無法感覺到過快的。每人都有一個疲勞點來激發這些狀況。降低速度、增加健步間歇就會有助你解決這個問題。速度訓練和比賽會快速增加壓力。

2. **跑步前吃得過多或過快**。身體系統在跑步時不得不努力工作，同時努力地消化食物。兩者同時進行的時候，壓力升高會導致反胃等現象。胃裏有半消化的食物成為胃部額外的壓力，也是胃部消化的目標。

3. **進食高脂或高蛋白的食物**。即使一餐飯裏 50% 的熱量為脂肪或蛋白質，也會在跑步幾小時後導致反胃或腹瀉。

4. **前一天的下午或晚場吃得過多**。晚上的大餐會在第二天早上留在腸胃中。當你在跑步中蹦蹦跳跳時，身體系統的壓力就會增加，有時會導致反胃或腹瀉。

5. **炎熱和濕度是造成這些問題的主要原因**。有些人在天氣涼爽的時候跑步完全沒問題，但是無法適應稍微有點炎熱的天氣，即使以相同的配速比賽（或速度小節鍛煉）也會出現反胃或腹瀉的情況。在天氣熱的時候，每人的中心體溫會上升，從而人體系統的壓力變大，往往導致反胃的情況，有時候是腹瀉。降低速度、增加健步間歇、頭上倒水就能更好地應對這些問題。

6. **跑步前飲用過多的水**。如果胃部裏的水過多，消化系統因而產生壓力。把水分攝入降到最低點。大多數跑步者在小於 60 分鐘或

60 分鐘跑之前不需要飲用任何液體。

7. **飲用過多糖分或電解質飲料。**水是人體最易吸收的物質。額外的糖分或電解礦物質，比如運動型飲料，會令物質更難消化。在跑步過程中（特別是天氣炎熱），如果你曾經有反胃、腹瀉或其他問題，最好只飲用水。冷水最佳。但是過多的水也會令身體系統出現問題。

8. **在跑步後過快地飲用過多的液體（特別是含糖的飲料）。**即使你已經非常口渴，也不要在跑步後的很短時間內大口喝下大量的液體。嘗試在每 20 分鐘內飲用不超過 6 － 8 盎司的液體。如果你是容易反胃和腹瀉的體質，每 5 分鐘喝上 2 － 4 小口。在身體疲勞和壓力大的時候，飲用糖分飲料就不太好了（運動型飲料等）。消化糖分產生額外的壓力會導致其他的問題。

9. **不要讓跑步產生壓力。**有的跑步者非常沉湎於把跑步定在一個特定的配速。這會對你的生活增加壓力的。放鬆，讓跑步來緩解生活中的緊張。當你面臨許多"生活壓力"時，可以推遲一次速度鍛煉，此時想着加快跑步的速度會提高你的壓力水準。輕鬆地慢跑吧！你應該充充電，而不是堅持原有的訓練計劃。

    注意：如果毫無緣由地頻繁出現反胃和腹瀉，你應該看醫生。

頭痛

跑步者在跑步中的頭痛可以有幾種原因。然而不常見的是，普通的跑步者大約一年會頭痛 1 － 5 次。艱難的一天，跑步所產生的額外壓力會激發頭痛。儘管你在跑步中放鬆自己，這種情況也會發生。許多跑步者發現服用一次非處方頭痛藥物可以解決問題。像往常一樣，在服用藥物的時候諮詢你的醫生。以下是一些原因、對策：

脫水	如果在早上跑步，確保前一天已經充分補水。如果早上跑步且有頭痛，避免酒精。如果你正經歷頭痛的話，同時觀察頭一天晚餐的鹽分（或者全天鹽分攝入過多）。在跑步前一天飲用好的運動型飲料比如Accelarade，會有助於保持體內液體的水準、"加足"電解質。如果在下午跑步，遵照跑步日的跑步建議。如果跑步前一個小時脫水，那時補充超級大量的水分是無益的 —— 6–8 盎司就可以了。 服藥往往導致脫水。有的藥物會讓跑步者容易頭痛，諮詢你的醫生。
天氣對你來說太熱	在一天中較涼爽的時間跑步（通常在太陽升起地平線之前的清晨）。天氣炎熱時跑步，在頭上倒些水。
在太陽下	盡可能保持在陰涼中，戴上遮陽面罩而不是帽子，確保帶子不會太緊。當溫度上升到華氏 60 度以上，不要蓋住頭部。
跑得有點過快	所有跑步起跑慢一些，在跑步的前半段多健步走。
跑得比最近一次還遠	監測跑步里程，不要讓里程增加超過最近一次跑步的 15%。在增加里程的時候（或在跑任何長跑的時候），確保每英里至少慢 2 分鐘，這樣你才能合理地跑馬拉松（見本書中"神奇英里"章節）。
血糖水準低	確保你在跑步前 30–60 分鐘內進食零食來推進血糖濃度。如果你已經習慣了，飲料中的咖啡因有時也有助於緩解這種情況，但是咖啡因對於一小部分跑步者來說會引起頭痛。
若容易偏頭痛	一般要避免咖啡因，並且儘量避免脫水。和醫生聊聊其他的可能性。
觀察頸部和腰部	如果你在跑步時身體稍微前傾，脊柱就會產生壓力，特別是頸部和腰部。閱讀本書的第二章節，直立地跑步。

處理受傷的方法

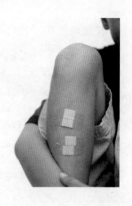

快速治療貼士

用於所有受傷：

1. 從跑步或任何運動中休息 3 天，因為有可能擴大受傷區域。

2. 避免任何可能惡化傷勢的活動。

3. 恢復跑步的時候，把握好跑步的程度，加多自由健步防止傷痛進一步惡化。

4. 不要伸展身體，除非你的髂脛束受傷。伸展阻礙了大多數傷勢的恢復，往往會延長恢復的時間。

肌肉拉傷：

1. 致電醫生，詢問是否需要服用處方類消炎藥。一直遵照醫生囑咐服藥。

2. 看一位在許多跑步者身上成功發揮作用的運動按摩物理治療師。

3. 如果 4 天沒跑步且沒有改善，致電骨科醫生並預約檢查。

肌腱和腳部受傷：

1. 直接在受傷地方，每晚用一大塊冰揉搓 15 分鐘（保持揉搓直到受傷區域在大約 15 分鐘後變麻）。

    注意：冰袋和冰凝膠的效果不好。

2. 有時候腳部受傷應該首先用加壓冰囊（air cast）治療，這能穩定腳部和腿部，讓傷口開始癒合。

膝蓋受傷

1. 致電醫生確認是否需要服用強度消炎藥。

2. 在跑步日輕柔地健步一到兩小時。有時健步能夠維持身體調節的同時令膝蓋恢復。

3. 有時膝關節保護帶（許多跑步用品專賣店裏均有）能緩解疼痛。詢問你的醫生。在大多數情況下，你必須嘗試了才知道是否有幫助。

4. 檢查是否穿着合適的跑鞋（如果腳內翻，可以穿着控制型的鞋）。

5. 如果腳內翻，一個矯正器會有所幫助。

6. 如果膝蓋內部疼痛，葡萄糖胺補充物會有所幫助（通常 6-8 週內會生效）。

脛骨受傷

1. 排除壓力性骨折。在這種情況下，疼痛會隨着你跑步而惡化，但是要醫生先檢查。若患有任何這種骨折，都不應該跑步。

2. 如果疼痛隨着跑步逐漸消失，就不用太擔心是壓力性骨折的問題。這很有可能是脛骨骨膜炎。如果你能把活動保持在不刺激脛骨肌肉的情況，你可以在有脛骨骨膜炎的時候跑步，這種病症也會逐漸消失（確保讓醫生檢查過）。

3. 採用更多的健步間歇，跑得更慢等等。

邊跑邊癒合

你可以帶着大多數的跑步傷痛繼續跑步，同時癒合傷口。但是，你首先必須花些時間停止跑步，讓癒合的過程開始。如果在受傷初期，你只需要 2－5 天的時間。你把解決問題的時間拖得越久，造成的傷害就越多，癒合的時間也越久。在癒合和跑步的過程的任何階段，和醫生保持聯繫，遵照他或她的囑咐，也利用自己的最佳判斷。

要允許癒合——一旦你恢復了跑步，確保運動程度不會惡化傷痛。換句話説，如果在跑步 2.5 英里以後感到稍稍的疼痛，3 英里以後就開始受到更多的傷害，你的跑步里程就不能超過 2 英里。如果"健康的"跑走結合比率是 3 分鐘跑步比 1 分鐘健步，你應該恢復到 1：1、30 秒：30 秒或 30 秒跑：60 秒走的比例。

堅持跑步日之間休息一天。你可以帶着大部分的傷痛進行交叉訓練來維持調節性，但是確保傷痛可以容許你這麼做。再次向醫生徵求意見。

維持跑步調節性的最佳交叉訓練模式

在做任何這類的訓練之前要向醫生徵求意見。大多數的訓練對於大多數傷痛來講是可以接受的。但是有些訓練可能會有刺激到傷痛區域的風險，從而延誤癒合過程。關於這部分的詳細資訊，可以閱讀《蓋洛威的跑步書》第二版中關於交叉訓練的章節。逐漸積累交叉訓練，因為你不得不逐漸調節這些肌肉。如果傷痛和醫生都允許你健步的話，它也是維持調節性的一種最佳方法。

- 水中跑步（能改善你的跑步姿勢）
- Nodic track 機
- 健步
- 划艇機
- 橢圓機

在我的《蓋洛威的跑步書》第二版中有更多關於各個受傷的資訊。
以下是我的一些建議：

治療建議——從一個到另一個跑步者

膝蓋疼痛

如果你能夠立刻停止跑步並休息 5 天，大多數的膝蓋問題就會消失。諮詢醫生是否能使用消炎藥。嘗試找到造成膝蓋問題的圓心。確保跑步場地沒有斜坡或斜面。如果前腳掌的內側有磨損，你很有可能是腳內翻。如果膝蓋疼痛的問題反覆出現，你可能需要一個足部支撐器或直立矯正器。如果膝蓋骨下方疼痛或有關節炎，葡萄糖胺或軟骨素會有所幫助。這類產品中，我認為效果最好的是 Cooper Complete 公司的關節修復產品（Joint Maintenance Product）。

膝蓋疼痛之外——髂脛束摩擦綜合症

這種筋膜束是大腿到膝蓋下方腿部以外的肌腱。最常見的疼痛在膝蓋外部，但有些疼痛也會沿着髂脛束而出現。我認為這是"擺動傷害"。當跑步的肌肉勞累時，它們無法令你保持直立的跑步姿勢。本來髂脛束會盡力限制擺動的幅度，但是它不起作用了。隨着跑步繼續進行，你的擺動動作會過度使用髂脛束。我從大多數跑步者和醫生那裏得到的回饋是：一旦開始癒合後（通常在停止跑步幾天以後），大多數跑步者不論是持續跑步還是徹底休息，癒合的速度一樣快。在這種情況下，最關鍵的是無論如何應該得到醫生關於跑步的批准，然後再保持運動程度不會進一步惡化傷痛。

髂脛束的治療方法：

1. 拉伸：拉伸髂脛束緩解會造成疼痛的緊繃。髂脛束受傷，你可以在跑步前、跑步後甚至跑步中進行拉伸。拉伸的主要目的是在髂脛束緊繃的時候可以令你跑步。

2. 用泡沫軸自我按摩。泡沫軸已幫助數以千計的跑步者解決髂脛束的問題。在我的官方網站 www.runinjuryfree.com，有一張使用泡沫軸的照片。把泡沫軸放在地板上，躺在上面用身體的體重來擠壓和滾動疼痛的區域。在跑步之前用泡沫軸進行滾動有助於身體熱身，跑步之後用泡沫軸來滾動往往能令傷痛恢復得更快。

3. 按摩療法：一位完好的按摩治療師會分辨有說明的按摩方式以及按摩的位置。有兩個可能需要注意的地方是結締組織緊張的連接關節以及不同地方的筋膜帶。"棍子"是自我按摩的裝置，也能夠說明許多跑步者在跑步的時候恢復髂脛束的問題。有了泡沫軸，它能有助於跑步前熱身受傷的區域，並且在跑步後伸展開。

4. 健步：保持短小的步幅。

5. 直接在疼痛的地方用冰按摩：每晚連續按摩 15 分鐘。

脛骨疼痛——"脛骨骨膜炎"或壓力性骨折

這塊區域的疼痛基本上常常暗示了一個叫做"脛骨骨膜炎"的小問題，能在跑步和健步的時候得到癒合。這種傷痛中最大的痛苦或問題是在跑步或健步開始的時候，隨着你跑步和健步，疼痛會逐漸消失。幾週以後（最少）就能完全恢復，所以必須要有耐心。

內部疼痛：脛骨後側疼痛。從腳踝以上到大腿內側的疼痛稱為"後脛骨骨膜炎"，往往是由於腳內翻導致的（腳在離地的時候向內轉）。

脛骨前端：前脛痛。當疼痛聚集在小腿前方的肌肉時，就是"前脛骨骨膜炎"。這往往是由於跑步和特別是健步時步幅過大而導致的。在癒合的過程中應儘量避免下坡的地形。

壓力性骨折：如果疼痛的位置非常具體並隨着跑步加劇，你可能有一個更嚴重的問題：壓力性骨折。對於一週跑步三天和進行速度訓練的老練運動員來說，這是一個愈來愈普遍的問題。運動過量、過快的話也會出現這個問題。壓力性骨折說明骨質疏鬆和缺鈣。如果你不確定是否是壓力性骨折，不要跑，也不要對大腿施力，讓醫生來檢查。壓力性骨折的恢復要求幾個星期不能跑步，而且在頭幾個星期必須打上石膏。

腳跟疼痛——蹠腱膜炎

"最有效的治療辦法是在早上邁開第一步之前，把腳放在一個支撐性的鞋裏。"

當你在早上邁開腳健步的時候，就能感受到這種很常見的受傷（疼痛位於腳後跟裏面或者中心）。隨着你的熱身運動，疼痛逐漸消失，只會在第二天的早上再次出現。最重要的治療方法是起床之前把你的腳放在支撐性的鞋裏。確定在跑步專業用品商店已經"驗鞋"，從而保證你為雙腳選擇了一雙合適的鞋。如果全體都感受到疼痛且痛苦的話，你應該諮詢足病醫生。通常醫生會圍繞足弓和後跟為腳建立起一個支架。這往往並不需要一個非常堅硬的矯正器。一個稍微柔軟的、專門為你的腳而設計的矯正器就能起到很好的效果了。

"腳趾緊縮"聯繫有助於培養支撐腳的腳部力量。只要簡單的腳趾支着腳板幾秒鐘，直到快要抽筋為止。堅持幾星期以後就會有效。這種受傷也允許在癒合的時候跑步，但要和醫生保持聯繫。

通風——腳趾關節痛（腳踝、腳壓痛）伴隨腫脹

大腳趾關節腫脹伴隨疼痛是腳部尿酸聚積的結果。腳踝也許會感覺到疼痛，前腳掌伴隨大量的以及常常衰弱性的壓痛。主要原因是酒精和過多蛋白質（特別是紅肉）的攝入，呈脫水狀。有些有效的藥物可以解決這個問題。

腳的後部——跟腱

跟腱是連接足跟和小腿肌肉的那條窄窄的肌腱帶。肌腱是人體機械系統裏非常有效率的一部分，就像一根結實的橡皮筋一樣。跟腱的導致行為會影響腳部的許多彈簧，沒有力氣來自於小腿肌肉。跟腱受傷往往是因為跑步或拉伸運動中的過度拉伸。首先，避免在任何活動中以拉伸的方式來伸展跟腱。在所有的鞋裏讓腳後跟稍微提起一點有助於改善跟腱受傷，減少了移動範圍。每晚直接用一大塊冰摩擦跟腱表面。摩擦大約 15 分鐘，直到跟腱完全麻木。冰袋和冰凝膠

在我看來是沒有任何好處的。一般來説，停止跑步 3－5 天，冰敷的效果就能持續，腳後跟會一天天覺得更強壯。我的經驗是消炎藥對跟腱基本不起任何效果。

髖部和腹股溝疼痛

有各種各樣的因素會令髖部受傷加劇。髖部並不是跑步的主要移動工具，只有在腿部肌肉很累的時候，你又持續地施力，髖部往往就會被濫用。髖部也許會被強迫做更多的工作，而且必須做出本來不該髖部做的許多劇烈的移動。向醫生諮詢處方類消炎藥，因為它能加快恢復速度。避免加劇這塊區域傷痛的拉伸和任何活動。

小腿肌肉

小腿肌肉是跑步中最重要的肌肉。它往往會在速度練習中受到刺激，會因為以下而受到傷害：拉伸、疲勞時跑步過快、缺乏休息的、過多的速度小節以及比賽或鍛煉的最後衝刺。

經過運動員和我自己的體驗，深層組織按摩是解決小腿肌肉問題的最佳治療辦法。儘量找一位經驗豐富的、幫助過許多有小腿肌肉問題的跑步者的按摩物理治療師。過程很痛苦，但有時它是唯一一個能消除肌肉生物損害的辦法。那根 "棍" 可以在每天的基礎上使用，非常有利於小腿肌肉擺脫損害。

不要拉伸！拉伸會磨損正在試圖恢復的肌肉纖維。避免在斜坡上跑步，當你恢復跑步的時候增加健步間歇的頻率。

選擇一雙最舒服的跑鞋

　　我能給你的最佳建議就是去獲得最佳的建議。如果在你的區域有一家不錯的跑步專業用品商店，就去吧。來自經驗豐富試鞋者的建議將是無價之寶，特別是如果你有個人的腳部問題，對於大多數年齡超過 49 歲的跑步者來說，這裏有一些有幫助的貼士：

　　首先，看看你最常穿的健步鞋或跑鞋的磨損類型。利用以下指引幫你自己在 3-4 雙鞋中選擇：

腳下垂

　　腳下垂會產生磨損點。特別注意前腳掌內側的磨損程度。如果你有點狀的磨損，以及腳疼或膝蓋疼，嘗試一些有最小墊的鞋或是專門設計用來運動控制的鞋。

腳內翻

　　這種磨損類型通常會在前腳掌的內側出現大量的磨損。如果你的膝蓋或髖部疼痛，尋找一雙有“結構”或運動控制能力的鞋。如果你沒有疼痛，尋找一雙普通的鞋，前腳並沒有很多軟墊。

腳僵硬

如果在鞋的前腳的外面有磨損而內部無磨損，很有可能你的腳僵硬，可以選擇一雙普通的鞋。在你穿着這雙鞋跑步或健步的時候能提供足夠的軟墊和靈活性。

如果你無法判斷……

選擇普通或能夠提供中等軟墊和支撐的鞋。

選鞋貼士

1. 至少花 30 分鐘來挑選出你的下一雙鞋，因為你要把已經選擇的三雙鞋再進行比較。
2. 帶一雙磨損最嚴重的鞋、鞋支架和穿過的襪子，以及一雙你覺得最舒適的鞋。
3. 在人行道的表面上跑和走，注意每雙鞋的差別。如果你有腳下垂，確保得到你需要的支撐。
4. 你想要的那雙鞋應該在穿着的時候感覺自然──沒有壓力或壓迫，同時讓雙腳通過跑步需要的移動範圍。需要運動控制的跑步者應該感覺到鞋能夠提供更多的支援。
5. 再次在做決定之前花費你需要的同樣多的時間。
6. 如果商店不讓你穿着鞋跑步，換一家。

按照穿着的舒適度而非鞋盒上的號碼來判斷。確保你在試穿的過程中是站立在鞋子裏的，同時測量一下腳趾區域需要多少額外的空間。選擇令你雙腳穿着最舒適的號碼。

大多數跑步者的跑鞋尺碼要比平時逛街的鞋大約 2 號。例如，我通常會穿 10 號的鞋逛街，但跑步時會穿 12 號的鞋。不要拘泥於印在鞋盒上的尺碼，多嘗試找到最適合自己的鞋。

寬度問題

- 跑鞋往往會比一般上街的鞋要寬一點。
- 通常在繫緊鞋帶的時候，如果你的腳稍微窄了一點，就能"貼合"到它們的不同之處。在天氣炎熱的時候，普通跑步者都會穿大一碼半的鞋。而且，每隻鞋的尾部要留出一點額外的空間。
- 整體來說，跑鞋的設計是用來把握一定程度的"鬆散度"。但是如果穿着鬆散的鞋會讓你起水泡的話，繫緊鞋帶。
- 一些鞋業公司已在鞋的寬度上精挑細選。
- 如果你從鞋子的任意一邊動身時把鞋的邊沿捲下來，鞋就會變得特別窄。

女性用鞋

女性的鞋通常比男性的鞋要稍微窄一些，後腳跟往往也小一點。跑鞋的主要品牌，在男式和女式的品質是是一樣的。約有 25% 的女性跑步者的腳更適合穿着男式的跑鞋。通常在女性穿着大號鞋的時候感到困惑。較好的跑鞋能幫你解決這一方面的問題。

逐漸習慣新鞋

- 每週每天穿新鞋繞着房間至少一小時。如果你待在地毯上，鞋子感覺不舒服，你可以在商店裏更換。但是如果鞋上有磨損、污漬等，極少有商店會回收。

- 在大多數情況下，你會發現鞋穿起來已經舒服到可以立刻跑步了。最好再穿着鞋持續走一走，逐漸讓足部適應後跟、腳踝墊，做出其他調整。如果你過早地穿着新鞋跑步，最常見的後果就是出水泡。
- 如果在健步的時候沒有摩擦問題，你可以穿着新鞋在 2 － 4 天內逐漸增加健步運動量。
- 在穿着新鞋第一次跑步的時候，只跑半英里。然後穿上舊鞋繼續跑。
- 在每一次連續跑步的時候，穿着新鞋在 3、4 趟跑步中延長距離。這樣，你通常會慢慢適應了新鞋。

怎樣知道是時候換新鞋了呢？

1. 當你已經成功試穿新鞋達 3-4 星期時，再買一雙型號、做工和尺碼等完全一樣的鞋。這麼做的理由是：鞋業國內公司往往每隔 6-8 個月就會對鞋型做出重大調整或停止供應該鞋的鞋型（即使是成功的鞋型）。

2. 穿新鞋在家周圍走幾天。

3. 逐漸適應新鞋後，穿新鞋跑每週跑（新鞋適應日）的頭半英里，然後換上已經適應了的那雙鞋。

4. 在本週對比了兩雙鞋時，穿新鞋逐漸跑得多一點。

5. 幾週以後你會注意到新鞋的彈跳性比舊鞋要好。

6. 在原來那雙鞋穿破之前轉移到新鞋。當原本的那雙鞋的支撐力不那麼好時，你就會增加受傷的機會。

7. 開始逐漸適應第三雙鞋。

衣着溫度計

　　根據多年在各種氣候下輔導跑步者的經驗，對於最合適的衣着，我的建議是以溫度為基礎。第一層，因為貼着你的皮膚，所以應該感覺舒適，具備擴散皮膚表面水分的設計。也許你還得忍着不要買一個時尚的顏色——畢竟功能才是你最終要的。在商店裏試穿衣服的時候，注意縫合處以及身體會產生摩擦部位（腋窩，兩腿之間）的額外用料。

　　棉質對於大量出汗的人來説往往不是好材料。棉質吸收汗液，然後貼着你的皮膚，會增加你在跑步中必須攜帶的重量。標籤説明由 Polypro，Coolmax 和 Drifit 布料製成的服裝不僅能在冬天保留足夠的身體熱量令你溫暖，同時會釋放額外的重量。通過轉移服裝外面的水分，這些科技布料可以令你享受夏天涼爽的同時避免冬天的寒冷。

溫度	穿着
攝氏 14 度或華氏 60 度以上	緊身背心或汗衫，短褲
攝氏 9－13 度或華氏 50－59 度	T恤和短褲
攝氏 5－8 度或華氏 40－49 度	長袖輕盈襯衣、短褲或緊身衣（或尼龍長褲），露指手套和分指手套
攝氏 0－4 度或華氏 30－39 度	中等重量長袖襯衫和T恤、緊身衣、短褲、短襪，露指手套和分指手套，一頂護耳帽
攝氏 -4 度－攝氏 -1 度或華氏 20－29 度	中等重量長袖襯衫和T恤、緊身衣、短褲、短襪，露指手套和分指手套，一頂護耳帽
攝氏 -8 度－攝氏 -3 度或華氏 10－19 度	中等重量長袖襯衫和中等或偏重的T恤、緊身衣、短褲、短襪，尼龍風衣，上衣和褲子，厚的露指手套和一頂護耳帽
攝氏 -12 度－攝氏 -7 度或華氏 0－9 度	兩件中等重量到偏重的長袖上衣，厚緊身衣，厚內衣（特別是男性），中等重量到偏重的熱身衣，滑雪面罩，一頂護耳帽，並給暴露的肌膚塗抹凡士林
攝氏 -18 度－攝氏 -11 度或華氏 -15 度	兩件中等重量的長袖上衣、緊身衣和厚的緊身衣，厚內衣（男性支撐器），分指手套外面套上露指手套，厚厚的滑雪面罩，一頂護耳帽，給暴露的肌膚塗抹凡士林，在需要的時候穿上更厚的襪子和其他足部保護工具
零下華氏/攝氏 20 度	按照需要添加層次

不要穿甚麼

1. 冬天一件厚大衣。如果穿衣層次過厚，你會熱起來、大量出汗而且在脫下衣服的時候過於涼爽。

2. 男性夏天不要穿着襯衣。吸收水分的布料會讓你在跑步和健步的時候感到更加涼爽。

3. 塗過多防曬品，它會阻礙排汗。

4. 襪子對於夏天來說太厚了。雙腳腫脹，襪子的壓力會增加黑指甲和水疱的風險。

5. 石灰綠色配亮粉色波點襯衣（除非你超級自信而且 / 或跑得很快）。

特殊情況

萊卡和其他布料可以減少摩擦。許多跑步者通過使用萊卡布料（單車緊身衣）作為內衣來減少腿部之間的摩擦。這些產品也稱為 "萊卡短褲"。市面上還有幾種皮膚潤滑劑，包括 Glide。

有些男性會遭受到乳頭疼痛。在胸部穿着光滑的布料就能減少這種狀況。現在有一種叫做 Nip-Guard 的產品可以從根本上解決這一問題。

有助跑步的產品

下列產品對所有的跑步者均有幫助。因為隨着年齡的增長，恢復過程持續降低速度，更年長的跑步者會從以下的使用中獲得更多的益處。

其他蓋洛威的書籍、訓練日程和持續給予的禮物——甚至是給你自己

《健步》：健步者現在有一本書解釋了許多好處，以及如何通過 5 公里、10 公里、半程以及全程馬拉松來最大化這些好處。還有關於燃脂、營養、精神動力等更多的資源資訊。

《入門指南》：這遠不止是一本為初學者的、最先進的書。它能夠讓健步者通過六個月的計劃，成功地開始跑步。同時還涵蓋了關於燃脂、營養、精神動力以及身體管理的資訊。這是一份為你的朋友或親戚而準備的大禮物，他們會受到跑步積極的"感染"。

《全年計劃》：你會找到 52 週的每日鍛煉以及三種水準的跑步者：完成、潛力最大化以及時間進步。把一年裏 5 公里、10 公里、半程以及全程馬拉松的需要，按照順序包含了長跑、速度小節、練習和斜坡小節。還包括許多解決跑步問題的原材料。

《蓋洛威的跑步書》，第二版：這是一本自 1984 年以來的最暢銷的

跑步類書籍。通過 2011 年改版和擴充，你會找到 5 公里、10 公里和半程馬拉松的訓練項目，包括營養、燃脂、健步間歇、精神動力、受傷和鞋等等。這完全是一本資料書。

《馬拉松》：這本書包含你需要的各個經典活動的資訊。包括訓練項目，以及健步間歇、長跑、馬拉松營養、馬拉松精神的堅韌等細節。

《半程馬拉松》：這本新書為各種時間目標提供了特別成功和詳盡的訓練日程。含有關於營養、精神準備、液體、比賽日後勤和清單等的資訊。

《自我測試》：1 英里、2 英里、5 公里和 1.5 英里跑的培訓項目在這本書裏有詳細介紹。還有關於針對比賽的營養、精神堅韌和跑步姿勢的資訊。本書還包含一些非常精準的預測測驗，能讓你找到實際的目標。這本書已經被那些堅持在 10 公里或以上賽事成績的人有效率地使用了。通過訓練以及更快的比賽，你可以提升跑步的效率以及對廢物的容忍度，比如乳酸。

棍

這個按摩工具能幫助肌肉更快地恢復，它常常可以加速肌肉受傷和髂骨術受傷（位於大腿的外面，膝蓋和髖骨之間）恢復的速度。這種裝置可以令腿部肌肉熱身，降低肌肉和肌腱疼痛加劇。在按摩中和按摩後，促進血液流通，肌肉恢復的時間也減少了。

在小腿肌肉上使用"棍子"（最重要的是在跑步中），從跟腱開始敲擊，沿着腿一直滾到膝蓋。輕輕地滾回原處再繼續重複。頭 5 分鐘輕柔地滾動會令血液流動到這一區。在"向上"的敲擊中，逐漸增加小腿肌肉的壓力，你往往會發現肌肉中的一些點或疼痛的地方。關注這些地方，在這些地方多次滾來滾去，漸漸分散緊張度。見 www.runinjuryfree.com 網站裏更多關於它的資訊。

泡沫軸——為髂脛束和髖部等自我按摩

這個高密度泡沫的圓柱體，直徑為 6 英吋，長度為 1 英尺。我還沒有發現任何治療髂脛束受傷的更有效的辦法。為求最好的效果，把軸放在地板，側躺着讓受刺激的髂脛束區域在滾軸的上面。當身體體重隨着滾軸向下壓，滾軸在你希望治療的腿部區域上滾上滾下。輕柔地滾動 2 到 3 分鐘，然後按照需要施加更多的壓力。這實際上是一次你自己可以執行的深層組織按摩。對於髂脛束，我建議在跑前和跑後進行按摩。關於泡沫軸的更多資訊，可流覽 www.runinjurfree.com。

Cryo杯——冰塊按摩的最佳工具

在疼痛區域（靠近皮膚的地方）用一大塊冰塊按摩是非常有效的療法。我知道幾百個跟腱有問題的案例都通過這種方式恢復了。Cryo 杯是一個非常方便的裝置，用於冰塊按摩。塑膠杯的頂端蓋着一個塑膠環。裝滿水，然後冷凍。當你在接近皮膚的地方感到疼痛的時候，把杯從冰箱裏拿出來，在杯子周圍倒上溫水解凍，然後抓牢塑膠把手就像冰的"冰棒"一樣。在受傷區域連續摩擦約 15 分鐘，直到肌腱麻木。完成的時候，再裝滿杯子，放回冰箱裏。我的個人經驗是，用冰袋或冰凝膠產品來摩擦，完全沒有效果。

"你能做到"的激勵CD

在你駕車去跑步的時候，把它放到車裏的播放機。當你學習跑步者處理左腦中的負面資訊，學習了戰略和方法後，你會受到故事的鼓舞,並且發揮潛力。

Endurox Excel

許多年過 50 的跑步者告訴我在使用了這一產品後,發現肌肉組織可以恢復得更快。在長跑和艱苦鍛煉之前一個小時,我會服用兩片 Excel。所有抗氧化劑中,ciwega 是從人參裏提取的活性成分。研究顯示服用 ciwega 的時候,恢復時間會縮短。我還會在腿部比平時勞累 2、3 天的時候服用它。

Accelerade

此運動型飲料的專利配方已經顯示能改善恢復。在延長或脫水的鍛煉前或後飲用它,有助於改善脫水的狀況。我建議在冰箱裏儲存半加侖容器的 Accelrade。全日每 1 到 2 個小時飲用 4 到 8 益司。最佳液體"充電"時間是在長跑後的 24 小時內。液體替代的黃金時間是在長跑後的 24 小時內。許多跑步者在熱水瓶裏儲存了 32 益司的水,用於速度訓練小節延長中的健步間歇。我建議比推薦的飲用量再加多 25% 的水。

研究顯示跑步約 30 分鐘前飲用 Accelerade 會更有效地激發身體啟動燃料(糖原),也會保持這種關鍵燃料的限量供應。

Eudurox R4

這個產品在跑步者心中的具有"信徒"一樣的地位。事實上,研究顯示 4：1 比率的碳水化合物比蛋白質有助於肌肉糖原的快速重裝（長距離鍛煉或艱苦鍛煉完成的 30 分鐘內服用）。這意味着肌肉又恢復了彈力，提前準備好你能做的事情。R4 含有其他的抗氧化物可以加速恢復。

傑夫‧蓋洛威的訓練日誌

有些日誌類型建議用來組織和追蹤你的訓練計劃。網站 www.JeffGalloway.com 可以訂購帶有親筆簽名的《傑夫‧蓋洛威的訓練日誌》。它簡化了過程，還有地方填寫每天的資訊。同時還有空間可以記錄意外的想法和經歷，當我們再次閱讀的時候，這些跑步的情景又躍然紙面。

你的日誌可以令你全盤掌控和組織訓練的組成部分。提前計劃，然後做筆記對比，你就可以從自己的經驗值學習，做出積極的改變。

蓋洛威電腦教練——互動軟體

這個軟體不僅可以建立起馬拉松的培訓項目，還會幫助你堅持到底。當你登錄的時候，會被告知那天你的訓練是否按照那天而進行。快速分類各個培訓的組成部分，往往能發現你疲勞或者是更疼痛的原因。

維他命

我現在認為大多數的跑步者需要好的維他命來推進免疫系統和對抗感染。有證據顯示服用適合的綜合維他命也能夠加快恢復速度。我所採用的維他命產品線稱為 Cooper Complete。Kenneth Cooper 博士（Cooper 診所和有氧運動學院的始創人）推出了這個產品。在編撰最可怕的身體研究——關於運動和長期健康，我看到不論在哪兒，他都找到了扮演重要角色的特定維他命。

緩衝鹽片劑——減少抽筋

如果你在長跑或艱苦跑上因為鹽分的消耗而肌肉痙攣，這種產品就會有所說明。緩衝了的鉀和鈉藥片會更快速地進入系統。一定要向醫生諮詢這種產品是否適合（尤其是患有高血壓的）。如果你因為膽固醇服用抑制素藥物，而且在抽筋，就很難說這種產品是否對你有所作用。諮詢醫生在長跑前可以調整的藥物。

訓練首要因素

　　接下來的內容在本書的前面描述過，他們就像健全系統中的組成部分，混合在一起創造出一個健康的、比零件綜合更棒的系統。不要嘗試把這兩個或兩個以上的元素結合在一起，除非他們已經列在日程表上了。例如，你可以把加減速跑和步頻練習作為速度小節或斜坡小節前的熱身運動。但如果你以任何方法來在長跑中加速，那麼會延長恢復時間，也會傷害到自己。

　　長跑：長跑的時候速度要非常慢，比你按照預測的"神奇里數"跑馬拉松的時候至少每英里慢 2 分鐘。把本書中"跑—走—跑"章節建議的健步間歇加進來。你不能在長跑上跑得過慢。較慢的長跑建立起快速長跑的耐力，幾乎沒有受傷或曬傷的風險。

　　練習：步頻練習和加減速跑練習。這些簡單的練習會教你按照跑步機械原理改善跑步的姿勢。他們並沒有耗盡。大多數的跑步者說練習激勵了普通的跑步。一週一次一組練習就能提高速度和跑步效率。

"神奇英里"時間實驗（TT或MM）

- 去一個跑道，或其他精確測量的場地。
- 健步 5 分鐘熱身，然後跑一分鐘、走一分鐘。輕鬆慢跑 800 米（半英里或田徑場 2 圈）。

- 做四組步頻練習（CD）和 4 組加減速跑聯繫。這些都列在"練習"章節裏。

- 健步 3 到 4 分鐘。

- 跑 1 英里時間實驗——努力地。遵照"預測成績"章節中的健步間隔的建議。

- 在第一次比賽的時候，不要在起點跑得竭盡全力。在完成全部距離的三分一之以後，輕鬆達到配速。每一個連續的 MM 或 TT，儘量超越上次一跑步的時間。

- 通過反轉熱身運動作為賽後休息。

- 學校跑道是最佳場地。不要使用跑步機，因為跑步機往往都沒有校準，顯示的資料比你實際的資料跑得遠、跑得快。第一圈跑得稍微比你認為的平均速度慢一些。建議做一個短的健步間歇。最後一圈氣喘吁吁也是可以接受的。如果你在最後一圈降低速度，在下一次跑步開始的時候跑得慢一點。當你完成的時候，應該感覺到無法再以相同的配速再多跑半圈了（如果如此）。

速度：在速度訓練中逐漸增加，令你對自己選擇的顯示目標做好準備。見本書"成熟和更快的步伐"章節。

節奏和配速小段：這些一段段的跑步均在短距離跑步（不用於長跑）的中間均按照你的目標比賽配速。以比賽配速跑步，按計劃採取健步間歇，加入到比賽中。這就好像比賽日的綵排一樣。完全遵照你在比賽中的計劃練習，你所有的身體功能就會為這個大日子做好準備。

- 5分鐘健步熱身，然後10分鐘輕鬆跑和健步走。

- 為自己計時一段，距離為半英里到 2 英里。
- 以目標配速跑步。
- 按照計劃中的比賽一樣加入健步間歇。
- 小段跑步完成 1–3 英里。
- 如果腿很疲憊就不要做了。
- 反轉熱身運動作為賽後休息。

跑道距離

跑道一圈是 400 米，大約是四分之一英里。800 米大約是半英里，或者繞着跑道兩圈。1 英里是繞着 1 跑道 4 圈，多了幾碼。

顧問：

John Cantwell 醫學博士

Diana Twiggs 醫學博士

Steve Miller 醫學博士

Tom Adair

Ruth Parker 醫學博士

Julie Gazmararian 博士公共衛生學碩士

Perry Julian DPN

David Hannaford DPN

Nancy Clark 理學碩士，註冊營養師

Todd Whitthorne

圖片和插圖鳴謝：

Polar Electro

Gregory Sheats

Getty images / Digital Vision

Jeff Galloway：美國排名第一的跑步書作者。

商務印書館 📖 讀者回饋咭

　　請詳細填寫下列各項資料，傳真至 2565 1113，以便寄上本館門市優惠券，憑券前往商務印書館本港各大門市購書，可獲折扣優惠。

所購本館出版之書籍：＿＿＿＿＿＿＿＿＿＿＿＿＿＿＿＿＿＿＿＿＿＿＿＿＿

購書地點：＿＿＿＿＿＿＿＿＿＿＿＿＿　姓名：＿＿＿＿＿＿＿＿＿＿＿＿

通訊地址：＿＿＿＿＿＿＿＿＿＿＿＿＿＿＿＿＿＿＿＿＿＿＿＿＿＿＿＿＿

電話：＿＿＿＿＿＿＿＿＿＿＿＿＿傳真：＿＿＿＿＿＿＿＿＿＿＿＿＿＿

電郵：＿＿＿＿＿＿＿＿＿＿＿＿＿＿＿＿＿＿＿＿＿＿＿＿＿＿＿＿＿＿

您是否想透過電郵或傳真收到商務新書資訊？　1□是　2□否

性別：1□男　2□女

出生年份：＿＿＿＿＿＿年

學歷：1□小學或以下　2□中學　3□預科　4□大專　5□研究院

每月家庭總收入：1□HK$6,000以下　2□HK$6,000-9,999
　　　　　　　　3□HK$10,000-14,999　4□HK$15,000-24,999
　　　　　　　　5□HK$25,000-34,999　6□HK$35,000或以上

子女人數(只適用於有子女人士)　1□1-2個　2□3-4個　3□5個以上

子女年齡(可多於一個選擇)　1□12歲以下　2□12-17歲　3□18歲以上

職業：1□僱主　2□經理級　3□專業人士　4□白領　5□藍領　6□教師　7□學生
　　　8□主婦　9□其他

最常前往的書店：＿＿＿＿＿＿＿＿＿＿＿＿＿＿＿＿＿＿＿＿＿＿＿＿

每月往書店次數：1□1次或以下　2□2-4次　3□5-7次　4□8次或以上

每月購書量：1□1本或以下　2□2-4本　3□5-7本　4□8本或以上

每月購書消費：1□HK$50以下　2□HK$50-199　3□HK$200-499　4□HK$500-999
　　　　　　　5□HK$1,000或以上

您從哪裏得知本書：1□書店　2□報章或雜誌廣告　3□電台　4□電視　5□書評/書介
　　　　　　　　　6□親友介紹　7□商務文化網站　8□其他(請註明：＿＿＿＿＿＿＿＿＿)

您對本書內容的意見：＿＿＿＿＿＿＿＿＿＿＿＿＿＿＿＿＿＿＿＿＿＿＿＿

您有否進行過網上購書？　1□有 2□否

您有否瀏覽過商務出版網(網址：http://www.commercialpress.com.hk)？1□有　2□否

您希望本公司能加強出版的書籍：1□辭書　2□外語書籍　3□文學/語言　4□歷史文化
　　　　5□自然科學　6□社會科學　7□醫學衛生　8□財經書籍　9□管理書籍
　　　　10□兒童書籍　11□流行書　12□其他(請註明：＿＿＿＿＿＿＿＿＿)

根據個人資料「私隱」條例，讀者有權查閱及更改其個人資料。讀者如須查閱或更改其個人資料，請來函本館，信封上請註明「讀者回饋咭-更改個人資料」

香港筲箕灣

耀興道 3 號

東滙廣場 8 樓

商務印書館 (香港) 有限公司

顧客服務部收